FACULTÉ DE DROIT DE PARIS

THÈSE

POUR LE DOCTORAT

PRÉSENTÉE

PAR ÉMILE GINOT

AVOCAT A LA COUR IMPÉRIALE DE PARIS.

PARIS

IMPRIMERIE ET LITHOGRAPHIE MAULDE ET RENOU

RUE DE RIVOLI, 144.

1857.

A LA MÉMOIRE DE MA MÈRE

A MON PÈRE

DROIT ROMAIN.

DE USURPATIONIBUS ET USUCAPIONIBUS.

Livre XLI, Titre III.

PRÉLIMINAIRES

L'usucapion est un moyen d'acquérir la propriété par la possession continuée pendant le temps et avec les conditions voulues par la loi (1).

Elle avait une double utilité dans le droit romain :

Elle servait à l'acquisition de la propriété quiritaire sur les choses *mancipi*. Si elles n'avaient pas été mancipées, ou transmises par l'*in jure cessio,* ces choses étaient seulement *in bonis* de l'acquéreur, qui n'en avait pas la revendication ; mais les avait-il possédées pendant un an ou deux ans, selon la loi des Douze Tables, il en devenait propriétaire comme si elles lui eussent été mancipées ou cédées *in jure.*

Justinien ayant supprimé la division des choses en choses *mancipi* et *nec mancipi,* l'usucapion ne servait plus à cet usage ; mais elle était encore utile si la

(1) D. Gaius, 3, 3, de usurp.

chose avait été transmise par celui qui n'en était pas réellement propriétaire.

Que la chose fût *mancipi* ou *nec mancipi*, si elle avait été livrée *a non domino*, l'acquéreur n'en devenait pas immédiatement propriétaire, car il ne pouvait avoir plus de droits que n'en avait son auteur ; mais s'il l'avait reçue de bonne foi dans la croyance que celui qui la lui livrait en était propriétaire, le *dominium* lui était acquis après un certain laps de temps.

Cette règle avait été admise dans l'intérêt public. C'est par la possession, fait ordinairement certain, qu'on mettait un terme à l'incertitude de la propriété. On accordait au maître de la chose, pour la réclamer, un certain délai, passé lequel il n'était plus recevable : il n'était victime que de sa négligence. Il fallait opter entre son intérêt et celui de l'acheteur, et la loi avait dû sacrifier celui qui était présumé abandonner son droit, en reconnaître l'illégitimité ou l'inexistence, ou qui se trouvait en faute par une négligence trop prolongée ; car la possession est la conséquence naturelle de la propriété (1).

Que si cette présomption blesse quelquefois l'équité, n'oublions point que l'intérêt particulier est subordonné à l'intérêt général, et que cet inconvénient doit s'effacer devant l'utilité publique de la consolidation de la propriété : ne fallait-il pas fixer un terme après lequel les possesseurs ne pourraient plus être inquiétés ?

(1) Gaïus, 1, de usurp.

L'usucapion dispense de toute preuve celui qui l'invoque, et elle est en cela plus favorable que la revendication. On ne tient de son auteur que les droits qu'il avait lui-même. Si la chose n'a pas été acquise par un mode originaire, il faudra non-seulement prouver l'acte sur lequel on base sa propriété, mais encore l'existence du droit de propriété chez celui qui a voulu vous la transmettre. La preuve deviendrait presque impossible si, remontant jusqu'à l'acquisition par un mode originaire, on était astreint à faire preuve que son auteur avait lui-même reçu la propriété de ceux qui étaient capables de la lui transmettre ; aussi doit-on se féliciter que la prescription ait ramené la preuve de la propriété dans des limites plus raisonnables. Il ne sera plus besoin de rattacher ses droits à ceux de ses auteurs, il suffira de montrer que l'on tient ses droits *ex justa causa*, qu'on en a recueilli les bénéfices sans contestation, sans interruption, pendant un temps qui ne justifie plus l'inaction du propriétaire.

Le droit prétorien s'est encore plus avancé dans cette voie équitable : il a donné l'action publicienne, action réelle reposant sur une fiction, à celui qui, n'ayant pas encore achevé le temps de l'usucapion, ne pouvait intenter la *rei vindicatio*. C'est une sorte d'anticipation de l'usucapion qui en procure les effets à celui à qui le temps seul manque pour usucaper. Le prêteur ordonne dans sa formule que les droits du demandeur soient examinés, comme s'il avait achevé l'usucapion, et c'est en cela que consiste la fiction.

L'usucapion, mode d'acquérir éminemment quiritaire, ne s'appliquait aux immeubles qu'en Italie, et aux meubles soit en Italie, soit dans les provinces.

Les fonds provinciaux n'étaient pas susceptibles d'une véritable propriété ; par suite, ils ne pouvaient être usucapés. Une seule exception avait lieu pour ceux à qui l'on avait concédé le *jus italicum* (1).

Le domaine appartenait au peuple romain ou à l'empereur ; de là, division des *prædia tributaria et stipendaria*, selon qu'on payait redevance au trésor impérial ou au trésor public ; les provinciaux n'en retenaient que la jouissance (2).

La tradition n'en transférait que la possession, puisque la propriété était impossible ; mais elle fut bientôt garantie par une exception, *præscriptio longi temporis*, et même, au dire de Justinien, par une action utile. La *præscriptio* était une restriction placée en tête de la formule ; mise à la requête du défendeur, elle avait pour objet d'indiquer au juge certains cas dans lesquels il devait s'abstenir d'examiner l'affaire, si la *præscriptio* était vérifiée. Ces prescriptions furent plus tard transformées en exceptions ; et c'est comme telles qu'elles figurèrent dans les formules.

Bien que les fonds provinciaux ne fussent pas susceptibles de propriété quiritaire, on y reconnaissait donc un propriétaire qui, s'il avait possédé *longo tempore*, pouvait repousser toute action, sans qu'il y eût à son profit une véritable acquisition.

(1) Gaius, 2, 46.
(2) Inst., 2, 7.

L'usucapion présentait de notables différences avec la prescription.

L'usucapion était un moyen d'acquérir la propriété quiritaire : après une possession, continuée pendant le temps prescrit par la loi, on pouvait intenter la revendication. La prescription était au contraire un moyen de défense ; après le délai légal, l'action du maître n'était plus recevable, et cependant il n'y avait pas eu acquisition de propriété.

L'usucapion donnait le domaine des choses, mais avec toutes les charges dont elles étaient grevées ; car elle n'était qu'une mancipation, transmettant les choses telles qu'elles étaient, soumises encore à l'action d'un créancier gagiste ou hypothécaire, tandis que le prêteur, mû par la seule équité et non par un formalisme rigoureux, protégeait le possesseur qui avait prescrit contre toute personne exerçant une action réelle ; aussi la prescription avait-elle une utilité, même à l'égard des immeubles italiques.

L'usucapion n'était pas interrompue par la *litis contestatio ;* l'usage continuant pendant le procès servait à compléter le temps de la possession, même pendant l'instance. Il en était autrement de la prescription ; comme elle n'était qu'un moyen de défense, on ne pouvait s'en servir comme d'un titre, que si le temps nécessaire pour le constituer était parfait. Dans l'usucapion, le juge faisait restituer la propriété ; mais les droits réels consentis à des tiers de bonne foi n'étaient pas entachés de nullité, ce qui n'a pas lieu en droit français et paraît moins équitable. Le droit romain voulant prévenir toute tromperie à l'égard des tiers, n'accordait pas plus d'effets à la *litis contestatio* qu'à une convention.

L'usucapion s'accomplissait par un an pour les meubles, deux ans pour les immeubles; la prescription par dix ans entre présents, vingt ans entre absents, selon que les parties avaient habité ou non les mêmes provinces. On ne s'inquiétait point de la situation de la chose en voie d'usucapion.

Justinien, empruntant de l'une et de l'autre, a créé un mode d'acquérir que l'on désigne indifféremment des deux noms, bien que l'usucapion semble plus particulièrement réservée aux meubles. Comme l'ancienne usucapion, la nouvelle est un mode d'acquérir; elle n'est point interrompue par la *litis contestatio*; mais comme la prescription, elle tend à la libération complète de la propriété; et c'est par trois ans qu'on acquiert les meubles, dix et vingt ans les immeubles.

Justinien avait trouvé que le propriétaire n'était pas assez protégé, et qu'il lui restait un trop court espace de temps pour veiller à ses intérêts avant d'être dépouillé de sa chose.

CHAPITRE Ier.

Quelles personnes peuvent usucaper.

D'après la loi des Douze Tables, les citoyens romains seuls pouvaient usucaper : ce privilége fut bientôt étendu aux Latins et à ceux qui avaient le droit de

(1) Cod. 7, 31.

commerce, lorsqu'enfin sous Caligula toute différence fut supprimée dans la position des divers sujets de l'empire.

Le père de famille pouvait seul usucaper ; le fils de famille le put aussi, lorsqu'il lui fut permis d'avoir des biens propres en sa qualité de soldat : pour tout autre motif, ce n'était pas lui, mais son père qui usucapait par son intermédiaire. Sous Justinien, tout ce qui ne provient pas du patrimoine du père, c'est pour lui-même qu'il l'acquiert; par suite il peut l'usucaper (1).

Le pupille peut usucaper sans l'autorisation de son tuteur, si son intelligence est assez développée pour qu'on puisse lui supposer la volonté de posséder ; s'il en est incapable, il ne peut commencer d'usucaper sans cette autorisation, qui corrige en lui le défaut de jugement (2).

Le furieux peut continuer l'usucapion de ce qu'il a commencé de posséder avant d'avoir perdu la raison ; il serait malheureux que le désordre de son esprit lui fût funeste jusque dans ses biens ; la cause de sa possession ne sera pas changée : mais il ne pourrait, étant furieux, commencer une possession qui pût le mener à l'usucapion : il est sous ce rapport, et avec raison, moins favorisé que le mineur (3).

L'esclave ne peut usucaper pour lui-même : comment pourrait-il posséder, celui qui ne se possède pas lui-même (4)?

(1) D. Paul. 4, 1, de usurp.
(2) D. Paul. 4, 2, de usurp. D. Paul. 32, 2, de adquirenda.
(3) D. Paul. 4, 3, de usurp. eodem, 44, 6.
(4) D. Ulpien, 50, 17, 118.

Il en est ainsi de celui qui est fait prisonnier; il perd l'exercice de ses droits, et à son retour il ne peut être relevé de l'interruption de sa possession. Il ne peut y avoir d'effet rétroactif : la fiction du *postliminium* ne s'applique qu'aux effets de droit, mais ne peut faire que ce qui n'a pas été possédé l'ait été. Il ne peut pendant sa captivité ni compléter ni commencer une usucapion.

Nous pouvons acquérir la possession par nos esclaves; par eux aussi nous pouvons usucaper; mais il faut distinguer s'ils ont acquis *peculiari nomine* ou *domini nomine*. Au premier cas, l'usucapion courra à notre insu, du moment de l'acquisition, la volonté de l'esclave remplaçant la nôtre par suite de l'autorisation générale qui lui a été donnée pour le pécule. Dans le second cas, l'usucapion ne courra que du moment où nous aurons eu connaissance de l'acquisition; car au fait physique de la détention par l'esclave, il faut que nous joignions l'intention de posséder, pour que la possession soit civile, serve à l'usucapion.

L'enfant, le furieux pourront donc usucaper par leurs esclaves, alors même que la possession commencerait pendant leur enfance ou leur fureur, si les esclaves ont acquis *peculari nomine*; de même la captivité du maître n'y peut être un obstacle, car il peut se faire qu'elle ne soit point connue. Ils ne le pourraient si l'acquisition avait lieu *domini nomine*, car alors les esclaves ne peuvent acquérir à l'insu de leurs maîtres; et, dans l'hypothèse, les maîtres sont incapables de leur donner un assentiment qui puisse produire aucun effet civil. Quant à l'enfant et au furieux, leur volonté pourra être suppléée par celle du tuteur et du curateur, qui les remplace, et, dans l'acquisition faite *domini nomine*, l'usucapion courra du moment où le tuteur et le curateur en auront eu connaissance (1).

Ces principes ressortent de textes nombreux : c'est là l'avis de Paul, Sabinus, Cassien et Julien ; c'est en ce sens qu'il faut corriger la loi 28 de Pomponius dans notre titre ; et si Pedius dit à la loi 8, § 1, que celui qui ne peut pas usucaper en son nom, ne le peut davantage par son esclave, il faut l'entendre d'une incapacité civile absolue, telle que celle du pérégrin. Mais il suffit que l'on ait la jouissance sans avoir l'exercice des droits civils pour acquérir par son esclave. On peut encore l'entendre d'une chose que l'on ne peut usucaper.

Nous pouvons usucaper par un esclave, que nous possédons de bonne foi, bien qu'il soit libre : en serait-il de même à l'égard de celui que nous croirions être notre fils, que nous penserions être en notre puissance, mais dont l'adrogation serait nulle ? Peut-être devrait-on dire que cela n'a été admis à l'égard des esclaves, que par suite de la fréquence de ce commerce qui donne lieu à des erreurs inévitables ; que l'intérêt public n'est pas aussi fortement engagé pour l'adrogation, plus rare, et entourée de formes solen-

(1) D. Paul. 8, pr. de usurp., 41, 2, 1, 5.—41, 2, 32, 2

nelles. Remarquons, en outre, que ce n'est pas un droit de propriété que nous croyons avoir sur cet enfant, mais un droit de puissance paternelle (1).

Si l'esclave ou le fils qui nous a acquis la possession, par qui nous sommes en voie d'usucaper, devient fou, l'usucapion n'en continuera pas moins à notre profit. Ne nous acquerraient-ils point de même pendant leur sommeil?

Il en est de même d'un fermier ou d'un colon (2).

Si l'esclave s'est enfui, bien qu'il ne soit pas encore possédé par un autre, nous ne pouvons plus posséder par lui; s'il appréhende au nom d'un autre, c'est pour celui au nom duquel il s'est mis en possession qu'il acquerra; c'est là l'opinion des Proculiens : il faut que le maître ait l'esclave à sa disposition pour posséder par lui. Mais celle des Sabiniens a prévalu, et l'on admet que le maître peut acquérir la possession par l'esclave en fuite, à cause de la difficulté de le garder. Cela fut admis d'abord uniquement au point de vue de l'usucapion, puis par extension à tous égards (3).

Nous pouvons encore usucaper par un mandataire ou un gérant d'affaires, mais il faut qu'ils prennent la possession avec l'intention de faire nos affaires; et de plus, l'usucapion ne courra que du jour où nous en aurons eu connaissance. Cette prise de possession ne peut être assimilée à celle de l'esclave *peculiari no-*

(1) Papinien, 44, pr. de usurp.—41, 2, 50.
(2) Paul. 31, , de usurp.
(3) Paul. 31, 2, de usurp.—41, 2, 34, 2.

mine; si mon mandataire appréhende une chose qui m'a été volée, elle ne sera revenue en ma puissance que du jour où je serai averti de l'appréhension (1).

Les personnes qui sont incapables de volonté ne peuvent usucaper ; car si le fait physique de la possession peut avoir lieu par nous-mêmes ou par d'autres, il faut que nous ayons personnellement la volonté d'acquérir. Telles sont les personnes morales ou juridiques, comme l'hérédité ; collectives, comme les corporations, les universalités. Par exception, on a admis que l'hérédité jacente pourrait acquérir par les esclaves *peculiari nomine*, que l'usucapion commencerait non-seulement à l'adition de l'hérédité, mais encore immédiatement au profit de l'hérédité jacente. Mais c'est là une décision toute de faveur, qui doit être restreinte à l'acquisition *peculiari nomine*, et l'on ne pourrait admettre que l'usucapion commence pour elle en vertu d'une tradition faite *non peculiari nomine.* Il faudrait alors recourir aux règles ordinaires, et l'usucapion ne courrait que du jour de l'adition, et encore à la condition que l'héritier en aurait connaissance, car il ne peut en ce cas acquérir sans le vouloir.

Les municipes ne peuvent rien posséder par eux-mêmes : ils font usage des choses sans les posséder. Nerva leur permet de posséder et d'usucaper ce qu'ils ont acquis par leurs esclaves à l'occasion du pécule. On a résisté à cette opinion ; ils ne peuvent rien posséder par leurs esclaves, disait-on, puisqu'ils ne pos-

(1) Neratius, 41, de usurp.

sèdent pas seulement leurs esclaves; mais sous Ulpien, ils peuvent usucaper même par des personnes libres, par leurs administrateurs ou leurs mandataires.

CHAPITRE II.

Quelles choses peuvent être usucapées.

Les choses incorporelles n'admettent pas l'usucapion, car elles ne sont pas susceptibles de possession.

Les hérédités ne peuvent être usucapées : l'opinion de Gaïus n'a point prévalu.

Les Prudents avaient admis une sorte de possession pour les servitudes ; à l'aide de cette fiction, ils imaginèrent une usucapion des servitudes, mais elle a été abrogée par une loi Scribonia, dont la date est incertaine.

Ulpien nous dit que les servitudes ne peuvent point par elles-mêmes être usucapées ; mais elles peuvent l'être, si on les considère comme unies aux bâtiments (1). Si j'usucape un fonds dominant, j'acquerrai simultanément les servitudes qui lui sont attachées, car elles ne sont que comme des qualités du fonds; mais ayant déjà usucapé le fonds, je ne pourrai acquérir les servitudes par une possession séparée. Si je possède un fonds servant comme libre de toute servitude, j'usucaperai la liberté des servitudes; mais encore le fonds étant déjà usucapé, j'éteindrai la servitude si pendant le temps voulu j'ai fait un acte contraire à la

(1) D. 10, 1, Ulp. de usurp.

servitude, si j'ai conservé un bâtiment plus haut que ne me le permettait la servitude, *ne mihi altius ædificare liceret,* car ce n'est que l'usucapion constitutive de la servitude qui a été abrogée par la loi Scribonia (1).

Parmi les choses corporelles, il en est qui ne peuvent être usucapées :

1° Les choses qui n'admettent point de propriété privée, qui ne sont pas dans le commerce ; telles sont :

Les choses sacrées, saintes ou religieuses, tant que dure leur consécration ;

Les choses publiques appartenant au peuple romain. On ne peut opposer la prescription de longtemps pour se maintenir dans des lieux qui sont en quelque sorte régis par le droit des gens. Si j'ai construit sur le bord de la mer; que le bâtiment étant détruit ou abandonné, un autre soit venu construire sur le même lieu, je ne pourrai le repousser par la prescription. Je ne pourrai avec plus de raison empêcher la pêche dans un fleuve, parce que j'y aurai pêché seul pendant plusieurs années (2) ;

Les hommes libres : ils ne sont même pas des choses.

2° Les choses dont une loi défend l'aliénation ; car l'usucapion est un mode d'acquérir ; telles sont :

Les biens du fisc, mais il ne faut pas l'étendre aux biens vacants qui ne lui ont pas encore été dénoncés :

(1) D. Paul, 4, 29, de usurp.
(2) D. Papinien, 45, pr. de usurp.

car s'ils ont été vendus à un acheteur de bonne foi, ils pourront être usucapés (1).

Les biens qui ont été donnés au proconsul ou au prêteur, avant qu'ils soient revenus au donateur, en vertu de la *lex repetendarum.*

Les biens des coupables de lèse-majesté, de concussions, de tous crimes, dont l'accusation et la condamnation survivaient à la mort: l'aliénation était interdite par une constitution, pour qu'ils ne pussent être soustraits à la confiscation.

Les biens des cités, des églises.

Les *res mancipi* appartenant à la femme, qui, d'après la loi des Douze Tables, ne pouvaient être aliénées sans une autorisation du tuteur.

Le fonds dotal: la prescription, sorte d'aliénation tacite, en était interdite, à moins qu'elle n'eût commencé avant le mariage. La déclaration que le fonds devenait dotal, n'interrompait point la prescription, qui continuait de courir; et c'était le mari qui en était responsable, à moins que la prescription ne se fût complétée peu de jours après le mariage; car alors on ne pouvait rien lui reprocher, il n'avait pas eu le temps de se mettre au courant de l'administration (2).

Les biens du pupille: il ne peut rien aliéner sans l'autorisation de son tuteur; mais cette opinion ne s'appuie que sur un texte, et l'on peut mettre en doute qu'il n'ait été interpolé. Il serait possible, comme

(1) D. Modestin, 18, de usurp.
(2) D. 23, 5, 16.

semblent l'indiquer les Basiliques, qu'on eût mis *pupilli* au lieu de *populi*. Comme aucun autre texte ne tranche cette question, que dans la loi 48 de *adq. rerum dominio*, on ne traite qu'incidemment du pupille, je croirais volontiers qu'il faut limiter cette interdiction de l'usucapion aux immeubles, qui ne pouvaient être aliénés sans un décret du prêteur, et que les biens meubles du pupille pouvaient être usucapés; c'est ce qu'on pourrait induire de la loi 56, § 4, *de furtis*, où il est dit que le tuteur peut transiger avec le voleur; que si la chose volée est rentrée en sa puissance, elle a perdu son caractère furtif et peut être usucapée.

La loi Atinia défendait l'usucapion des choses volées, et les lois Plautia et Julia celle des choses possédées par violence.

Le vol est la soustraction frauduleuse de la chose d'autrui, dans l'intention de se l'approprier ou d'en tirer un gain : il faut qu'il y ait fraude. Si, trompé par quelque apparence, je crois avoir recueilli une hérédité qui ne m'appartenait point, et que j'aliène des biens héréditaires; si, usufruitier d'un esclave, j'ai pensé que sa part était à moi à titre de fruit, comme le croît d'un bétail, on ne peut dire que je commette un vol : c'est l'intention coupable qui donne à l'appréhension de la chose d'autrui le caractère d'un délit (1).

La loi Atinia n'est pas nécessaire pour empêcher l'usucapion entre les mains du voleur, car il est de

(1) Gaïus, 36, 1, de usurp.—37, pr. eodem.

mauvaise foi; lorsqu'elle dit que la chose volée ne pourra être usucapée, quelle que soit la bonne foi du possesseur, il faut l'entendre en ce sens que la chose conservera son caractère furtif, en quelques mains qu'elle passe, du moment où elle a été livrée de mauvaise foi par celui qui savait n'en être pas propriétaire. Il sera difficile, en remontant jusqu'au premier vendeur, d'en trouver un qui ignore que la chose ne soit pas à lui; cependant, si prenant dans l'hérédité, comme bien héréditaire, une chose qui n'y était qu'en dépôt, je l'ai vendue ou donnée, rien ne s'opposera à ce qu'elle soit usucapée par celui qui reçoit de bonne foi (1).

Si quelqu'un prend possession du bien d'autrui sans violence, soit que le maître l'eût abandonné par négligence, soit que le maître fût resté longtemps sans héritier, ce fonds pourra être usucapé par celui qui le recevra de bonne foi, bien qu'il lui ait été transmis de mauvaise foi par celui qui savait n'en n'être pas propriétaire. Cela ne nuira pas à sa bonne foi, car on a rejeté l'opinion de ceux qui voulaient que les immeubles pussent être volés. Ils ne sont pas sujets à déplacement, à soustraction (2).

L'esclave fugitif ne peut être usucapé, car il a commis, au préjudice de son maître, le vol de sa propre personne.

Ce qui a été fait avec la chose volée est soi-même furtif et ne peut être usucapé; tel est le vêtement fait

(1) Gaïus, 36, pr. eod.
(2) Gaïus, 38, eod.

de laine ; car c'est à la substance qu'il faut, en ce cas, s'attacher (1). Il faut faire exception pour l'argent provenant de la chose volée, car il appartient au voleur.

Si des brebis volées ont été tondues chez le voleur lui-même, la laine n'en pourra être usucapée, d'abord par le voleur, car il est de mauvaise foi, et ensuite par tous ceux qui la recevront, même de bonne foi, car la chose est furtive.

Si elles ont été tondues chez un acheteur de bonne foi, la laine pourra être usucapée ; elle n'aura même pas besoin de l'être, car en sa qualité de fruit, elle appartiendra immédiatement à l'acheteur possesseur de bonne foi. Ainsi, quant aux fruits, c'est le moment de leur séparation qu'il faut seul considérer pour savoir s'ils sont furtifs (2).

Paul veut qu'il en soit ainsi pour tout ce qui porte le caractère de fruit : *idem in agnis dicendum*, ajoute-t-il, *si consumpti sint*. — Il est à croire, d'après le sens bizarre de cette phrase, qu'il y a là une interpolation. Au temps des jurisconsultes, le possesseur de bonne foi gardait tous les fruits perçus jusqu'à la *litis contestatio*. Ce ne fut que plus tard, par une constitution impériale, qu'on exigea de lui ceux qui n'avaient pas encore été consommés. — De même que, pour la laine, personne ne s'attache au moment où elle a commencé de pousser ; de même, pour les animaux, il ne veut point qu'on s'attache à la formation du croît.

(1) Paul. 4, 20, de usurp.
(2) Paul. 4, 19, eod.

Ulpien, tout en reconnaissant que le croît est un fruit; que le possesseur de bonne foi, sans usucapion aucune, fait les fruits siens dès leur séparation, regardait deux époques, celle de la conception et celle de la naissance, pour déterminer la condition de la chose, et exigeait pour l'usucapion que le croît n'eut pas été conçu chez le voleur (1).

L'opinion de Paul paraît avoir prévalu : *hoc verum est.* Au reste, elle semble plus rationnelle, en ce qu'elle traite tous les fruits d'une égale manière. Rien ne justifiait qu'on appliquât aux animaux les règles qui régissent le part de l'esclave.

Si l'esclave était enceinte, au moment du vol, ou si elle avait conçu chez le voleur, le part était *res furtiva;* il ne pouvait être usucapé, qu'elle eût accouché chez lui ou chez un acheteur de bonne foi.

Si elle avait conçu chez un acheteur de bonne foi, et y était accouchée, le part n'était plus furtif; n'étant pas considéré comme un fruit, il ne pouvait lui appartenir dès le moment de la séparation; car par la perception, le possesseur de bonne foi ne gagne que les fruits; mais il pouvait être usucapé et lui était acquis après le temps voulu par la loi (2).

Si elle avait conçu chez l'héritier du voleur, et y était accouchée, fût-il de bonne foi, eût-il ignoré que cette esclave était volée, il ne pouvait pas plus usucaper la mère que l'enfant : car il succédait à toutes les

(1) Ulpien, 48, 5e et 6e de furtis.
(2) Paul. 4, 15, de usurp.

obligations du défunt (1). Mais s'il la vendait à un homme de bonne foi, lors même qu'elle aurait conçu chez lui, s'il était lui-même de bonne foi, rien ne s'opposait à l'usucapion entre les mains de l'acheteur (2).

Scævola pensait que le part pouvait être usucapé en toutes circonstances, qu'il eût été conçu chez le voleur ou chez un possesseur de bonne foi ; il n'est pas une partie de la chose volée, disait-il, c'est un être distinct; car s'il en était une partie, il ne pourrait être usucapé, même par l'acheteur de bonne foi ; mais c'est là une opinion unique qui n'a point fait d'adeptes.

Ce ne sont pas seulement les acheteurs de bonne foi, mais tous ceux qui possèdent avec juste titre, qui peuvent usucaper le part de l'esclave. La juste cause qui vous aurait permis d'usucaper la mère, si elle n'eût pas été furtive, vous permettra d'usucaper l'enfant si vous avez été de bonne foi au moment de sa conception et de sa naissance. C'est à cette double condition qu'il faudra s'attacher ; et si à l'un ou à l'autre de ces moments la bonne foi vous a manqué ; si vous avez su que cette esclave était volée, ou même, si l'ignorant, vous étiez l'héritier du voleur, le caractère furtif du part s'opposera à l'usucapion (3).

Evidemment il faut que la bonne foi persiste jusqu'à la naissance pour que l'usucapion puisse commencer. Mais si l'usucapion a déjà commencé, si la décou-

(1) Ulpien, 10, 2, eod.
(2) D. Ulpien, 10, 2, de usurp.
(3) D. Julien, 33, pr. eod.

verte du vol lui est postérieure, la possession pourra-t-elle continuer utilement ?

L'affirmative a été décidée à l'égard de la vente : on tient compte du commencement de la possession ; mais il n'est pas nécessaire que la bonne foi se maintienne jusqu'à l'accomplissement de l'usucapion (1).

Pomponius avait émis l'opinion qu'il fallait faire des distinctions, si la mauvaise foi survenait après la naissance de l'enfant. Si vous n'avez pas su dans le temps fixé à qui était cette esclave, ou si vous l'avez su, et que vous n'ayez pu en informer le maître, ou si l'ayant pu vous l'en avez informé, vous usucaperez, dit-il ; mais si sachant quel est son maître et pouvant l'avertir vous ne l'avez pas fait, vous n'usucaperez pas, car alors vous aurez possédé clandestinement, et la même personne ne peut posséder à la fois *pro suo* et clandestinement (2). Dans l'usucapion *pro suo* la cessation de la bonne foi équivaut à la cessation du juste titre.

Mais Trébatius, à l'avis duquel se sont rangés Julien (3) et Paul (4), combat cette doctrine. Ulpien la repousse en termes énergiques et refuse avec raison de confondre le possesseur clandestin avec celui qui plus tard apprend quel est le propriétaire de la chose et la lui cache : c'est l'origine de la possession qu'il faut rechercher, et l'on ne commence pas à posséder clandestinement quand on a acquis de bonne

(1) D. Paul. 4, 18, eod.
(2) L. 4, pro suo.
(3) D. 33, pr. de usurp.
(4) D. 4, 18° eod.

foi (1). Si dans la loi 11, § 3, de la *rei vindicatione*, il exige la bonne foi au moment où l'on agit, c'est qu'il décide dans l'hypothèse particulière d'une donation, et que pour les choses reçues à titre gratuit, il fallait, au moins, suivant quelques jurisconsultes, la persistance de la bonne foi pendant la durée du temps requis pour l'usucapion.

L'opinion de Pomponius est donc une opinion isolée, et nous devons admettre que l'usucapion est possible, si la bonne foi n'a cessé qu'après le commencement d'une possession utile.

Si mon esclave m'a donné pour prix de sa liberté une esclave volée ; si de même une esclave volée m'a été donnée en échange d'une autre, ou en payement, ou à la condition d'affranchir l'un de mes esclaves, pourrai-je usucaper le part de cette esclave, si elle a conçu chez moi, et que je sois de bonne foi ? N'ai-je pas reçu cette esclave comme équivalent de ce qui sortait de mon patrimoine ? N'est-il pas intervenu une sorte de vente ? C'était l'opinion de Julien ; mais Sabinus et Cassius, à l'avis desquels Paul croit devoir se ranger, pensent qu'il n'y a pas lieu à l'usucapion, *quia possessio quam servus vitiose nanctus sit, domino noceret*. Le maître ne peut rien acquérir par l'esclave de mauvaise foi. La première cause de la possession persiste entre ses mains (2).

L'obstacle résultant du vol n'est pas perpétuel, et

(1) D. 6, de adq. vel omit. poss.
(2) D. Paul. 4, 16 et 17, de usurp. — 41, 4, 9 et 10.

peut être levé ; et telle chose qui n'était point susceptible d'usucapion, pourra reprendre sa condition naturelle par l'effet d'un événement postérieur. En effet, la loi *Atinia* dit qu'une chose volée, si elle est rentrée en la puissance de celui à qui elle a été enlevée, peut être acquise par le possesseur de bonne foi, si elle en sort à nouveau sans dol ni violence.

Il faut l'entendre en ce sens qu'elle doit être revenue aux mains du propriétaire, et ce ne sera pas toujours celui à qui elle aura été enlevée ; cependant des doutes s'étaient élevés à ce sujet. Si vous m'avez dérobé la chose que vous m'aviez donnée en gage, dit Labéon, ce sera une chose furtive, et elle ne pourra être usucapée tant que moi créancier gagiste je n'en aurai point recouvré la possession (1). N'êtes-vous pas tenu de l'action du vol.

Cassius, Paul (2), Modestin (3), conviennent qu'il y a lieu à l'action *furti ;* mais ils pensent que, selon les termes de la loi, elle est bien en la possession de propriétaire, et qu'il n'y a pas lieu d'empêcher l'usucapion. Leur opinion a prévalu ; mais c'est une faveur que motive seule la possession de la chose par le propriétaire lui-même, et pour qu'une chose soit furtive, il suffit qu'elle soit soumise à une action de vol, quelle que soit la personne qui puisse l'exercer. Si un esclave, dont l'usufruit a été légué aux dépens de l'héritier, est volé avant qu'il ait été possédé par cet

(1) D. Labéon, 49, eodem.
(2) D. Paul. 4, 21, eod.
(3) D. 41, 4, 5.

héritier, l'héritier n'aura point l'action *furti*, mais l'usucapion n'en sera pas moins interdite, car l'usufruitier peut, au moyen de la jouissance qui lui est due, agir contre le voleur (1).

Pour qu'une chose soit réputée rentrer en ma possession, il faut que j'en aie recouvré la possession par des moyens légaux, sans qu'il y ait possibilité de me l'enlever; car si je rentre en possession par la violence, bien que propriétaire, je serai obligé par l'interdit *unde vi* de restituer la chose au possesseur même de mauvaise foi.

Il faut, de plus, que j'en recouvre la possession comme d'une chose m'appartenant; car, si je l'achète, ignorant qu'elle m'a été volée, le vice ne sera pas purgé : ce n'est pas en qualité de chose volée qu'elle rentrera dans ma puissance, et celui à qui je la transmettrai ne pourra point l'usucaper (2).

Si mon mandataire détient une chose qui m'a été volée, je peux par lui acquérir la possession, et cependant elle ne cessera d'être furtive que si j'en ai connaissance (3).

Si c'est à mon esclave que l'on a volé une chose faisant partie de son pécule, quand pourra-t-on dire qu'elle est rentrée en ma puissance ?

Si, ignorant que la chose est sortie par un vol de mon patrimoine, j'ignore aussi qu'elle y soit rentrée, il suffira que la chose soit revenue à celui par qui je

(1) D. Julien, 35, de usurp.
(2) D. 41, 4, 12.
(3) D. Neratius, 41 de usurp.

possédais, pour qu'elle puisse être usucapée. De même si le dépositaire de ma chose l'a vendue, ce qui constitue un vol, et que, mû par le repentir, il l'ait rachetée, et la possède à nouveau, au même titre, on peut dire qu'elle est en mon pouvoir, bien que j'aie tout ignoré. Mais il est nécessaire que je continue de vouloir que l'esclave ou le dépositaire possède la chose au même titre ; car si, après le vol, j'ai retiré à mon esclave le pécule que je lui avais concédé, si j'en ai retranché la chose volée, dans ce cas il ne suffira pas que la chose revienne à mon esclave pour qu'elle soit réputée en ma puissance, car elle ne sera pas où je voulais qu'elle fût (1).

Si j'ai su qu'elle avait été dérobée à l'esclave, elle ne cessera d'être furtive que si la possession n'en est pas reprise à mon insu.

On doit faire les même distinctions à l'égard de la chose du maître volée par l'esclave.

Si, après l'avoir dérobée, l'esclave remet la chose en son lieu ; elle pourra, si je n'ai rien su, être usucapée, car elle n'est point sortie de ma puissance ; il ne suffirait pas que l'esclave la possédât à titre de pécule, car elle ne serait pas à ma disposition au même titre qu'avant le vol.

Si j'ai connu le vol, il faudra que je sache si elle est revenue en ma puissance ; mais il suffira que mon esclave la possède dans son pécule, si je lui ai permis de la reprendre à ce titre.

Ainsi, il n'est pas toujours nécessaire que la chose

(1) Paul. D. 4, 7, de usurp.—41. 4, 8—9—10.

soit directement rentrée en notre disposition, pourvu qu'elle ait été mise à notre disposition et que, toute satisfaction donnée, nous ayons consenti à ce qu'elle fût tenue à un autre titre.

Si le voleur a acheté du propriétaire lui-même la chose furtive, et la tient pour livrée, il aura purgé le vice de sa possession et possédera *pro suo* (1).

De même si je revendique et que je reçoive la valeur de l'intérêt qui y était engagé. Bien que je n'en aie pas acquis la possession matérielle, elle pourra être usucapée; de même encore, si au lieu de la faire revenir entre mes mains, j'ordonne qu'elle soit livrée à un autre (2).

La loi Plautia et la loi Julia, postérieurement, avaient fait aux choses possédées par violence la même situation que la loi Atinia avait faite aux choses volées; elles ne pouvaient être usucapées avant d'être à nouveau possédées par le véritable propriétaire, d'une manière légale, ne donnant lieu à aucune restitution, et en qualité de choses enlevées par violence.

Ces lois ne s'appliquaient qu'aux choses corporelles. Si j'avais un droit de passage, et que vous en entraviez l'exercice par la violence, rien ne s'opposait à ce que je le perdisse par non usage; car on ne peut posséder un droit, chose incorporelle. La violence employée ne pouvait constituer une chose *vi possessa* (3).

Deux circonstances devaient concourir : 1° que le

(1) D. Pomponius, 32, pr. eod.
(2) D. Paul. 4, 12 et 13, de usurp.
(3) D. Paul. 4, 27, eod.

possesseur eût été chassé par la violence; 2° que possession de la chose fût prise par celui là même qui avait employé la violence. Peu importe la qualité du possesseur, fût-il de mauvaise foi, procédât-il *pro hærede*, sachant qu'il y avait un héritier, s'il avait été expulsé, le fonds était *vi possessum* (1).

Si vous m'expulsez d'un fonds sans en prendre possession, et que ce soit un tiers étranger à la violence qui m'a été faite qui l'occupe, alors qu'il était libre, il pourra être usucapé, car l'interdit *unde vi* ne me sera donné que contre vous, et l'on ne peut dire que la violence ait été employée pour posséder le fonds (2).

Si vous occupez un fonds d'où le maître s'est sauvé par crainte d'hommes armés qui ne se sont point présentés; si vous avez pris possession d'une chose que personne n'occupait, et que vous en repoussiez le maître, la loi Plautia ne pourra vous concerner, car le fonds n'est pas *vi possessum* (3).

On peut usucaper partie d'une chose, mais il faut qu'elle soit déterminée, il faut qu'on puisse la posséder par elle-même; car si vous ignorez à quelle part vous avez droit dans une masse indivise, on ne peut dire que vous possédiez d'après les principes du strict droit civil. De même, si vous possédez plusieurs esclaves, et que, sans pouvoir dire lesquels sont à autrui, vous sachiez qu'il en est qui ne vous appartiennent

(1) D. Paul. 4, 23, 24 et 25, eod.
(2) D. Paul. 4, 22, eod.
(3) D. Julien, 33, 2, de usurp.—37, 1, eod.

point, vous ne pourrez usucaper aucun d'eux (1).

Si vous possédez une maison, je ne crois pas que vous possédiez autre chose que la maison elle-même : on ne peut dire que vous possédiez en particulier chacune des parties qui la composent ; car si vous les envisagez séparément dans leur substance propre, ce ne sera plus la maison comme corps individuel que vous posséderez. Il serait contraire au droit civil qu'une même chose fût soumise à des temps divers d'usucapion ; qu'une maison, par exemple, se composant du sol et de la superficie, fût usucapée partie comme chose immobilière, partie comme chose mobilière (2).

Aussi a-t-il été reconnu que la superficie ne peut être usucapée sans le sol ; que si le sol ne peut-être usucapé, de même la superficie ne pourra l'être (3).

Si la maison est démolie, il faudra une possession nouvelle et distincte pour usucaper les matériaux : on ne devra point tenir compte du temps où ils étaient joints à la maison; vous ne les avez point possédés individuellement, car nous venons de dire qu'une chose ne peut être à la fois possédée comme mobilière et comme immobilière (4).

Mais si vous avez commencé à posséder une chose, et qu'avant la fin de l'usucapion vous l'ayez employée dans une construction, faut-il dire que l'usucapion est interrompue?

(1) D. Pomponius, 33, 2, eod.
(2) D. Javolenus, 23, eod.
(3) D. Ulpien, 26, eod.
(4) D. Javolenus, 23, 2° eod.

Il faut distinguer trois sortes de corps: 1° ceux qui ont une existence individuelle; 2° ceux qui sont composés de plusieurs corps adhérents entre eux; 3° ceux qui sont composés de plusieurs corps distincts, mais ayant une dénomination commune.

La première espèce ne se prête pas à notre hypothèse; quant à la seconde, Labéon dit que si des matériaux sur le point d'être usucapés sont utilisés dans une construction, l'usucapion continuera avec la possession de la construction; que si une perle a été montée sur une bague, chaque chose ayant conservé sa substance, l'usucapion ne cessera point.

On ne peut usucaper de la même manière une universalité, telle qu'un troupeau; car s'il se maintient par l'adjonction de nouveaux corps, il n'y a point usucapion du troupeau comme universalité. On possède chaque animal en particulier; l'usucapion procède pour chacun de la possession qu'on en a. Si tout le troupeau est ma propriété, la brebis que j'y ajouterai ne deviendra pas pour cela mienne. Bien qu'elle fasse partie du troupeau, la possession en continuera au même titre, et si elle est furtive, elle ne pourra être usucapée (1).

Nous avons vu quelles choses pouvaient être usucapées, par quelles personnes elles pouvaient l'être; rentrons dans l'étude des éléments de la prescription.

D'après la définition qu'en donnent les Juriscon-

(1) D. Pomponius, 30, de usurp.

sultes elle est basée sur la possession acquise de bonne foi, en vertu d'un juste titre, continuée pendant le temps voulu par la loi sans interruption: c'est dans l'analyse de chacun de ces termes que nous retrouverons les règles qui la régissent.

CHAPITRE III.

De la Possession, du juste titre et de la bonne foi.

Il ne peut y avoir d'usucapion sans possession (1), mais toute possession ne conduit point à l'usucapion; on ne peut l'entendre que de la possession légale, de celle qui joint au fait physique de la détention la volonté de posséder la chose comme maître, l'intention de propriété. Ainsi l'emprunteur, le dépositaire ne possèdent point utilement, parce qu'ils reconnaissent un maître, et que c'est pour ce maître qu'ils possèdent. Ce n'est qu'un simple fait de possession sans aucune prétention au droit de propriété. Le créancier qui, pour garantie de sa créance, a reçu un gage, peut exercer les actions possessoires, mais il ne peut usucaper; car il n'est qu'un détenteur précaire. Si le débiteur se réserve l'élément nécessaire pour usucaper, c'est dans l'intérêt du gagiste, pour consolider la sûreté qu'il a reçue. La propriété serait inutile, si l'on n'en faisait usage : l'usage de la propriété constitue la possession qui porte à faire présumer la propriété chez le possesseur. La possession doit donc être regardée

(1) D. Licinnius, 25. de usurp.

comme le principe et le fondement de l'usucapion (1).

Nous avons montré dans le premier chapitre quelles personnes pouvaient usucaper, comment le fait et l'intention de la possession pouvaient se partager entre le maître et l'esclave ou le mandataire ; mais il ne suffit pas que cette possession soit purgée de tous vices qui empêchent l'usucapion, comme le vol, la violence, la précarité, la clandestinité ; il faut qu'elle naisse de bonne foi avec un juste titre.

La juste cause ou le juste titre (les deux mots sont indifféremment employés) est tout fait qui dénote chez celui qui livre une chose l'intention d'en transférer la propriété, tout contrat en vertu duquel vous auriez immédiatement obtenu la propriété par la tradition si l'aliénateur eût été propriétaire.

La remise de la possession, sans qu'aucun fait la justifie, ne produit aucun droit.

La tradition à titre de prêt, de commodat, ne peut être une juste cause, car il n'y a pas eu intention de transférer la propriété ; mais si elle a été précédée d'une vente, d'un contrat translatif de propriété, peu importe que l'un ait vu une vente où l'autre voyait une donation ; il suffit que le fait ait amené la volonté de transférer la propriété pour que la tradition produise ses effets, c'est-à-dire l'aliénation de la chose et l'usucapion qui en couvre les vices (2).

Lors même que vous seriez tenu de restituer la chose, l'usucapion est possible si vous possédez en

(1) D. Javolenus, 16, eod.
(2) D. Paul. 31, 6e de usurp.

vertu d'un juste titre. Celui qui a reçu mandat d'acheter une maison, et qui la possède par lui-même, sera soumis à l'action *mandati*, car il n'a pas rempli ses engagements; toutefois rien ne s'oppose à ce qu'il possède *pro suo* (1).

Mais il faut que le titre soit valable, *justus*, conforme au droit : on ne pourrait usucaper des biens que l'on aurait possédés en vertu d'une adoption que le droit réprouve, en vertu d'une vente qui ne devrait naissance qu'au dol des parties.

L'opinion d'un juste titre ne peut équivaloir au titre lui-même. Il ne faut pas dire que la bonne foi peut suffire, et qu'il importe peu qu'il y ait eu vente ou donation, pourvu que l'on ait cru à l'existence d'une vente ou d'une donation. Il n'y a point d'usucapion *pro empto, donato, legato, dote*, s'il n'y a eu vente, donation, legs ou dot (2).

Il ne faut point confondre la bonne foi et la juste cause. Elles sont indépendantes l'une de l'autre, et ne peuvent se prouver l'une par l'autre. La bonne foi ne se fonde pas sur la juste cause ; la juste cause ne peut être l'un des éléments de la bonne foi. Ce n'est pas dans l'opinion que l'on est devenu propriétaire que consiste la bonne foi, mais dans la croyance que celui qui a manifesté par un moyen légal l'intention d'aliéner sa chose était réellement propriétaire et capable d'aliéner.

Nous trouvons ce principe formellement énoncé dans les Institutes et dans le Code : *Error falsæ*

(1) D. Paul. 13, 2° eod.
(2) D. Ulp. 27, eod.

causæ usucapionem non parit; mais il avait donné lieu parmi les jurisconsultes à de graves dissentiments dont nous retrouvons les traces au Digeste, et quelques-uns admettaient que les personnes dont l'erreur avait une explication plausible, pouvaient encore usucaper. Mais il faut que cette croyance repose sur une erreur de fait excusable; par exemple, je crois que mon esclave a acheté une chose ainsi qu'il me l'a déclaré, tandis qu'il n'a fait que la louer; mais si j'imagine qu'une femme peut adopter, qu'une vente, que je sais le résultat d'un dol, peut transférer la propriété, et qu'en vertu de cette adoption ou de cette vente, je veuille usucaper, il y a là une erreur de droit, que ne peut justifier la bonne foi : *Nunquam in usucapionibus juris error prodesse potest* (41, 3, 31, pr. 32, 1°).

Si le titre est conditionnel, l'usucapion sera suspendue et ne pourra commencer qu'à l'événement de la condition. J'ai acheté sous condition, la possession ne deviendra utile que si la condition se réalise. Jusque là il y a impossibilité d'agir; il ne peut y avoir de déchéance pour une inaction imposée par la loi.

Tant que le caractère de l'*in diem addictio* et de la vente avec pacte commissoire resta douteux, ceux qui voyaient en eux des contrats sous condition suspensive n'admettaient pas que l'usucapion pût courir : mais leur opinion n'a pu prévaloir, car ce sont des ventes pures et simples, sous condition résolutoire, et l'usucapion n'est pas arrêtée à leur égard.

L'usucapion compète et à celui qui a reçu une libéralité, et à celui qui a acquis à titre onéreux, sauf la différence déjà signalée; peut-être fallait-il chez le donataire que la bonne foi persistât jusqu'à l'accomplissement de l'usucapion.

On usucapait *pro emptore*, par suite d'une vente valable. S'il n'avait point reçu de terme pour le payement, l'acheteur devait avoir payé le prix; car sans une erreur de droit, qui ne pouvait lui profiter, il ne pouvait se croire propriétaire sans avoir payé le prix de la chose.

On usucapait *pro donato*, *pro legato*, lorsqu'on avait reçu par legs ou donation une chose dont le défunt n'était point propriétaire;

Pro derelicto, lorsqu'on prenait possession d'une chose abandonnée par un autre que son véritable propriétaire;

Pro suo, lorsqu'on possédait à titre de propriétaire. Elle s'applique spécialement à l'acquisition des choses *nullius*, lorsque la seule possession est insuffisante, et qu'on ne peut trouver d'autres motifs d'usucapion :

1° Je vous donne en *mutuum* des écus qui ne m'appartiennent pas, vous les usucapez *pro suo*;

2° Vous prenez un cerf que vous croyez sauvage, il avait encore l'*animus revertendi*, vous l'usucapez *pro suo*;

3° S'il y a tradition d'une dot sans qu'on la fasse dépendre du mariage, le mariage n'ayant pas lieu, usucapion *pro suo*;

4° Si je possède une esclave de bonne foi, le part

n'étant pas un fruit, je ne l'acquerrai que par cette même usucapion.

L'adjudication constitue encore une juste cause. Dans les actions *familiæ erciscundæ, communi dividundo, finium regundorum*, le jugement est sans contredit translatif de propriété, aussi pourra-t-il servir de juste titre (1). Si des biens que je croyais communs appartenaient à des tiers, et qu'après une action en partage, en vertu de l'adjudication, je commence de les posséder, rien ne s'opposera à l'usucapion.

La *litis æstimatio* peut être assimilée à la vente, et la chose pourra être usucapée, si le demandeur est désintéressé (2).

Il y aurait encore juste titre si la possession résultait d'un payement, soit qu'on ait livré la chose même qui faisait l'objet de l'obligation, ou toute autre chose agréée par le créancier (3). Et peu importe que la créance ait existé ou non, pourvu qu'on ait cru à son existence. C'est là une différence essentielle avec la vente. Si je crois vous devoir et que vous croyez qu'il vous soit dû, la chose livrée à ce titre pourra être usucapée. Si un achat, au contraire, n'a pas réellement précédé, il n'importe que je me croie tenu à vous livrer la chose à ce titre, que vous soyez vous-même dans cette erreur, l'usucapion n'est pas possible. Ce serait un souvenir de la mancipation. Cela tiendrait à ce que dans la vente il faut être de bonne foi au

(1) D. Marcellus, 17, de usurp.
(2) D. Ulp. 27, in fine, de usurp.—41, 4, 3.
(3) D. 41, 3, 46 et 48.

moment du contrat et à celui de la tradition, tandis que dans tous les autres cas on ne considère que le temps du payement. Si je stipule sciemment la chose d'autrui, je pourrai cependant l'usucaper, pourvu qu'au moment de la délivrance je sois de bonne foi, tandis que dans la vente pareille chose serait impossible, la bonne foi devant exister dès le jour du contrat (1).

Si Titius, contre qui je voulais demander un fonds, m'en a cédé la possession, j'aurai une juste cause d'usucapion ; pareillement si celui contre qui je voulais réclamer un fonds en vertu d'une stipulation me l'abandonne en payement, je pourrai usucaper. Il ne faut pas admettre ici un simple désistement d'injustes prétentions, une reconnaissance de mon droit; le second exemple nous fait voir que Titius a pu, tout en croyant à son droit, m'en faire l'abandon, me transférer la propriété qu'il croyait avoir.

Ceux qui ont, en vertu d'une transaction, une juste cause peuvent usucaper (2). Étant seul héritier, mais vous croyant aussi héritier pour partie, j'ai transigé avec vous. Pour éviter ou terminer un procès, j'ai fait sacrifice de mes droits ; comme j'ai eu l'intention de vous en transférer la propriété, il y aura juste cause.

On ne peut usucaper *pro hœrede* que les choses qui n'ont pas été appréhendées par l'héritier. Si, seul héritier et vous croyant héritier pour partie, je vous ai livré des biens héréditaires, vous ne pourrez les usu-

(1) D. Paul. 15, 3, eod.
(2) D. Pomponius, 29, de usurp.

caper comme héritier; je les ai possédés, et vous n'aviez aucun autre titre d'usucapion. Eussiez vous été de bonne foi, la possession de l'héritier vous aurait encore nui (1).

Peut-il y avoir tradition d'un chose en vertu d'un jugement? Par suite, un jugement peut-il servir de juste titre pour l'usucapion? Notre titre ne s'occupe point de ce cas, qui a soulevé de sérieuses difficultés; mais comme on s'appuie dans la discussion sur certaines lois qui s'y trouvent, nous croyons devoir en dire quelques mots.

Il nous faut d'abord exclure, soit dans les actions réelles, soit dans les actions personnelles, l'hypothèse où le défendeur est absous; car il conserve la possession qu'on lui contestait, sans que le jugement, qui a seulement déclaré le demandeur mal fondé, ait rien changé dans son titre.

Mais si le juge déclare que la chose revendiquée appartient au demandeur, s'il ordonne au défendeur de la lui restituer, doit-on dire que la possession qui résultera de cette restitution donnera lieu à une usucapion *ex causa judicati*?

Je ne crois pas qu'on soit fondé à le croire.

Trouverons-nous dans le jugement les caractères de la *justa causa* tels qu'ils ressortent des règles de l'usucapion? Il n'y a point, de la part du juge, intention de transférer la propriété : tout jugement est déclaratif et non attributif de propriété. Le juge examine le

(1) D.

droit contesté, statue sur la validité de droits antérieurs ; mais si son devoir est de les interpréter, il n'a pas le droit d'en créer de nouveaux.

Lors même qu'il ordonne au défendeur la restitution de la chose qu'il n'a usucapée qu'après la *litis contestatio*, qu'il lui enjoint de transférer la propriété au demandeur ; ce n'est point à un nouveau titre, mais pour rendre aux parties la position qu'elles auraient eue, si le jugement avait été simultané à la demande.

On ne peut dire que le jugement ajoute à la bonne foi du demandeur en purgeant les vices du titre antérieur : ce serait là une erreur de droit. En outre, nous avons montré combien sont choses distinctes, juste titre et bonne foi.

On ne saurait même argumenter des lois 29 et 33, 3° de notre titre, car il y a là des concessions réciproques, une sorte de payement avec intention de transférer la propriété, qui n'existe pas chez le défendeur succombant.

Mais si, dans les actions personnelles, le défendeur, pour se liquider, a donné des écus ou une chose qui ne lui appartenait point, on pourra dire qu'il y a eu usucapion *pro judicato*, comme il y a usucapion *pro soluto*, lorsqu'on satisfait à l'obligation née d'un contrat.

De même, dans les actions arbitraires, où le juge ne condamne qu'après avoir ordonné de satisfaire à l'obligation, si le défendeur, pour éviter la condamnation, livrait la chose, le demandeur l'usucaperait *ex judicati causa*. Telles sont du moins les conjectures les plus vraisemblables et seules conformes aux principes.

2° *Bonne foi*. Il ne suffit pas que la possession vienne d'un titre, il faut aussi qu'elle soit de bonne foi.

La bonne foi est la croyance où l'on est d'avoir acquis la propriété, pensant que celui qui voulait la transmettre était réellement propriétaire et capable d'aliéner, soit comme propriétaire, comme mandataire ou tuteur.

On peut dire encore qu'elle est l'ignorance du droit d'autrui à ce que l'on possède.

Si vous achetez de celui à qui le prêteur défend d'aliéner, bien que vous soyez vous-même de bonne foi vous ne pourrez usucaper; mais le dol du vendeur ne pourra vous nuire, à moins que ce dol ne constitue un vol, ce qui ne peut s'appliquer qu'aux meubles (1).

Si j'achète d'un pupille sans autorisation de son tuteur, le croyant pubère, il n'y aura point d'obstacle à l'usucapion ; de même celui qui achète d'un furieux peut usucaper s'il est de bonne foi. Il semble qu'il ne puisse exister de contrat là où le consentement des parties n'est point légal, que par suite il n'y ait pas de *justa causa*. Cependant, comme *utilitatis causa*, on avait admis que l'opinion d'une juste cause fondée sur une erreur plausible ne nuisait pas à l'acheteur, on permettait d'usucaper à celui qui traitait avec un fu-

(1) D. Pomponius, 24, pr. de usurp.

rieux, et avait dû le prendre pour un homme sain d'esprit (1).

Mais si cette fausse croyance reposait sur une erreur de droit, si le tuteur n'avait pas donné son autorisation au moment même de la vente, et que j'aie cru valable la vente ainsi faite, je ne pourrais usucaper, car mon ignorance ne serait plus excusable (2).

Si je pense que les lois s'opposent à l'usucapion de ce que je possède, que je ne sois pas capable d'acquérir la chose qui m'a été livrée, lors même que je me tromperais, il faut encore dire que je ne puis usucaper, soit parce que je ne suis pas de bonne foi, soit parce que l'erreur de droit ne peut protéger l'usucapion (3).

On peut cependant se tromper sur sa condition, sur la cause d'usucapion et n'être point constitué de mauvaise foi, s'il existe un juste titre. Un fils de famille achète une chose, et commence à la posséder en cette qualité. Il ignorait qu'il fût devenu père de famille, pourra-t-il usucaper? Je le pense, bien qu'il n'ait pas cru posséder pour lui-même, mais pour son pécule. De même, s'il ignorait que son père fût mort, il acquerra pour l'hérédité; ce ne sont là que des erreurs de fait justifiées par de légitimes présomptions.

Celui qui se cache pour jouir est réputé de mauvaise foi; aussi la clandestinité est-elle un empêchement à l'usucapion. Pour que les tiers soient présumés avoir

(1) D. Paul. 13, 1, eod.
(2) D. Paul. 31, pr. eod.
(3) D. Pomponius, 32, 1, de usurp.

su que vous possédiez, il faut que cela ait eu lieu publiquement, que vous usiez de la chose comme en usent les propriétaires.

La bonne foi est nécessaire pour l'acquisition de la possession; mais il n'est pas besoin qu'elle l'accompagne dans toute sa durée. Si un homme a commencé de posséder légalement, il peut devenir furieux sans que sa possession ait changé de nature. Il peut devenir de mauvaise foi, cela ne le constituera pas possesseur clandestin; car ce n'est pas à la manière dont on conserve, mais à celle dont on acquiert la possession qu'il faut s'attacher.

Si la chose d'autrui a été achetée de bonne foi, faut-il pour que l'usucapion puisse servir que la bonne foi ait existé au moment de la vente ou de la tradition?

Les Proculiens sans doute avaient conclu des termes de l'édit, où il n'était fait mention que pour la vente de la *bonæ fidei emptio*, que pour la vente la bonne foi était nécessaire au moment du contrat; tandis que, hors ce cas, c'était au jour de la tradition que la bonne foi était requise.

Mais les Sabiniens faisaient observer qu'outre la *bonæ fidei emptio*, il était dans l'édit fait mention de la tradition; et ils exigeaient la bonne foi non-seulement au moment de l'achat, mais aussi au moment de la tradition : c'est leur opinion qui a prévalu (1).

Mais si l'acquisition a lieu en vertu d'un testament, d'une stipulation, c'est au moment de la tradition qu'il

(1) D. Ulp. 10, p. de usurp. Papinien, 44. 1, eod.—6, 2, 7, 17.

faut s'attacher, car on peut stipuler des choses qui ne sont pas au promettant; on peut ordonner par son testament de délivrer au légataire des choses qui ne sont pas dans l'hérédité.

Il faut observer toutefois que si j'ai perdu la possession d'une chose que je possédais de bonne foi, que je l'aie recouvrée, mais que j'aie su qu'elle appartenait à un tiers, le commencement de la seconde possession étant vicieux ne mènera pas à l'usucapion. Pour qu'elle ait lieu, il faut que la bonne foi existe à partir de la nouvelle prise de possession. Alors l'usucapion court de ce moment, mais toujours en vertu de l'ancienne cause qui justifiait la possession.

Cependant ce n'est pas toujours au commencement de la possession qu'il faut s'attacher, mais à la cause antérieure de la tradition. Si j'usucape de bonne foi une esclave, et qu'avant la naissance du part, je découvre qu'elle appartient à autrui, sans qu'elle ait été volée, je continuerai d'usucaper la mère, car ma possession a été de bonne foi *ab initio*; et j'usucaperai de même le part, bien que je ne semble le posséder qu'à sa naissance, car je l'usucape au même titre que la mère. S'il en est autrement pour le part de l'esclave volée, si la bonne foi est exigée à sa naissance, c'est qu'on ne pouvait usucaper la mère, et que pour l'usucaper il fallait qu'il eût une existence distincte (2).

A l'inverse, une possession qui n'avait pu d'abord être utile pourra le devenir, si le vice résultait non

(1) D. Paul. 15, 2, eod.—6, 2, 7, 12.
(2) D. Paul. 44, 2, de usurp.

ex persona sed ex re, et que la chose ait changé de condition. Par exemple, si celui qui m'a vendu une chose volée devient héritier du voleur ; si le mari qui m'a inutilement vendu le fonds dotal devient après la mort de sa femme propriétaire de ce fonds (1).

Comme l'héritier succède au défunt, sa possession est réputée non une nouvelle possession, mais la continuation de celle du défunt, et comme la mauvaise foi qui survient ne nuit pas, l'héritier, qu'il soit de bonne ou de mauvaise foi, pourra poursuivre l'usucapion si son auteur a été de bonne foi; mais sa bonne foi à lui-même ne suffirait pas, si elle n'était corroborée de celle du défunt.

Si l'acquisition a lieu par un esclave de mauvaise foi, l'usucapion ne sera jamais possible : la mauvaise foi de l'esclave nuit au maître.

Que si l'esclave est de bonne foi, cela ne suffit point encore : il faut que le maître soit aussi de bonne foi au commencement de l'usucapion ; et il y a lieu de distinguer entre l'acquisition *peculiari nomine et domini nomine*. Si l'acquisition est faite à titre de pécule, il suffit qu'il ne sache pas que la chose est à autrui, et cela au moment de la tradition faite à l'esclave, sans aucune considération de la mauvaise foi postérieure. Le commencement de la possession n'étant pas vicieux, il peut alors impunément devenir de mauvaise foi, même avant de savoir que la chose lui est acquise.

Si l'acquisition a lieu au nom du maître, c'est sa vo-

(2) D. Papinien, 42, eod.

lonté qu'il faut seule regarder : il ne suffira plus qu'il ait une bonne foi négative, il faudra qu'il ait l'intention d'acquérir, qu'il ait la conviction que la chose est bien à celui de qui il la reçoit, et c'est au moment où il saura qu'elle lui est acquise que devra intervenir sa bonne foi : sa volonté n'est pas ici suppléée par celle de l'esclave.

C'est à celui qui conteste l'usucapion à prouver la mauvaise foi; c'est au défendeur, selon l'opinion générale, à prouver que la chose lui a été livrée en vertu d'un juste titre.

C'est dans le commencement de la possession que la prescription prend son fondement et son principe, et le changement de possession ne se présume pas si facilement que la continuation. Celui qui a commencé à posséder pour autrui ne peut prescrire, car il n'a pas de possession propre, tant que la qualité par laquelle il a occupé la chose subsiste.

Les héritiers de ceux qui possèdent à titre précaire ne prescrivent pas non plus, car ils représentent leurs auteurs, et leur qualité n'opère pas un changement dans la possession qui leur est acquise. Personne ne peut se changer sa possession seul et de lui-même, *ipsum sibi causam possessionis non mutare posse.*

Il faut que le changement de possession soit juste : si le fermier achète du propriétaire la chose qu'il détenait comme locataire; qu'il provienne du fait d'un tiers, si le fermier achète la chose d'un tiers qu'il peut croire propriétaire; ou qu'il résulte de la contradiction qu'on oppose, en prétendant exclusivement et d'une manière formelle aux droits de propriété.

Si un esclave s'enfuit, vous continuez de le posséder, lors même qu'il se conduit en homme libre, c'est un vol qu'il fait de sa personne ; mais s'il est pris, qu'il conteste son état d'esclave, qu'il soit prêt à défendre en justice, on ne pourra plus dire qu'il est possédé par celui qui prétend en être le maître : l'esclave a changé de position par la contradiction qu'il oppose.

Il y avait autrefois des cas où l'on pouvait usucaper sans bonne foi, Gaïus en donne l'énumération :

1° Dans *l'usureceptio,* où, sans bonne foi ni juste titre, celui qui a mancipé sa chose à condition qu'elle lui serait remancipée s'il satisfaisait à son engagement, peut, au cas où il a payé, recouvrer la propriété par un an de possession, même *sine animo domini,* et, au cas où il n'a pas payé, par un an de possession *animo domini;*

2° Dans *l'usureceptio* au cas de dépôt;

3° Dans l'usucapion *pro hœrede,* afin d'encourager l'adition des hérédités, en permettant d'usucaper à ceux même qui savaient la chose à autrui, pourvu qu'elle n'eût pas été possédée par l'héritier. Elle s'appelait usucapion lucrative, et l'héritier pouvait faire révoquer de pareilles usucapions, comme si elles n'étaient point accomplies;

4° Si le peuple vend des biens saisis, et que le maître les possède pendant deux ans, il en recouvre la

(1) Inst. Gaius, 52, 62.

propriété; cette usucapion a été admise en haine des spéculateurs : *usureceptio ex prædiatura*.

5° *Usucapio libertatis*, au cas des servitudes *prædiorum urbanorum;*

6° *Usucapio longissimi temporis*;

7° L'abandon noxal qui est une conséquence essentielle de l'action noxale ne pouvait être une illusion; aussi l'usucapion fut-elle admise en ce cas: le véritable propriétaire ne pouvait au reste être connu du demandeur;

8° Celui qui possède *prætore auctore* n'est pas, comme on pourrait le croire, dispensé de bonne foi: l'ordre du prêteur est une *justa causa;* mais nous avons vu quelle différence séparait ces deux éléments de l'usucapion.

CHAPITRE IV.

Du temps pour prescrire. — De la jonction et de l'interruption des possessions.

1° Nous arrivons au dernier élément de l'usucapion: au temps. C'est lui qui fortifie la présomption basée sur la possession. D'après la loi des Douze Tables il était d'un an pour les meubles, deux ans pour les immeubles; d'après le droit prétorien, de dix ans entre présents, vingt ans entre absents. Si l'on considérait le domicile des parties, c'était pour éviter des empiétements clandestins, pour que le propriétaire ne fût pas dépouillé à son insu. Plus elles étaient éloignées.

plus long était le délai pour découvrir la spoliation dont elles allaient être victimes. Les intéressés qui n'ont pas connu la prescription sont excusables de ne point s'y être opposés.

Lorsque le temps de l'usucapion avait commencé entre présents, on ajoutait deux années d'absence, pour chaque année qui manquait à l'usucapion.

Dans l'usucapion on ne comptait pas d'un moment à un autre, mais par jours.

On ne tient pas compte du jour *a quo* ; on compte à partir du minuit qui sépare ce jour du lendemain. Quant au *dies ad quem*, il compte en son entier, bien qu'il soit à peine commencé.

Celui qui commençait de posséder à la sixième heure du jour des kalendes de juin accomplissait l'usucapion à la sixième heure de la nuit, la veille des kalendes de juin, c'est à cette heure que commencait le *dies pridie kalendas*, qui était le dernier jour de l'année pour l'usucapion.

Il en était autrement dans la prescription libératoire: comme elle semblait moins favorable, qu'elle n'avait été établie qu'en haine de l'indolence, il fallait que le *dies ad quem* fût révolu, pour que l'usucapion fût parfaite (1).

Dans l'usucapion soit des choses mobilières, soit des choses immobilières, on exigeait que la possession fût continue. L'usucapion courait même contre ceux qui ne pouvaient en interrompre le cours, sauf restitution.

(1) Ulp. 6, 7, de usurp.

Quant à la prescription, on tolérait que le temps ne fût point continu, qu'il cessât de courir pour certaines causes.

1° Lorsque celui contre lequel on prescrivait était absent pour une mission qui intéressait l'État : tels étaient les soldats en temps d'expédition;

2° Lorsque l'absence résultant d'un cas de force majeure avait empêché d'agir;

3° Si l'on avait été occupé des affaires du Prince ;

4° Si l'on avait été fait prisonnier;

5° Enfin si l'on était mineur, la prescription ne courait point jusqu'à la majorité.

Et en général, toutes fois qu'on pouvait obtenir une restitution on déduisait le temps pendant lequel on accordait protection, soit celui de minorité, d'absence ou de captivité, et l'on ne tenait compte que du temps qui restait.

2° *De accessione possessionum*. Il n'est pas toujours nécessaire que celui qui usucape ou prescrit par la possession de long temps ait possédé tout le temps, lui-même ou par ceux qui sont en sa puissance, car il lui est le plus souvent permis de joindre sa possession à celle de son auteur (1).

On conjecture que la jonction de possession n'existait d'abord que pour la prescription, et qu'elle ne fut que plus tard étendue à l'usucapion ; mais peut-être Justinien parle-t-il au texte des *Institutes* de l'usucapion nouvelle qu'il avait créée.

(1) Paul. 31, 2, eod.

Cette jonction de possession peut avoir lieu entre le possesseur primitif et ses successeurs universels ou à titre particulier.

Quant à celle qui a lieu à l'égard des successeurs universels, les motifs en sont rationnels, l'héritier continue les droits du défunt : il n'y a pas là une nouvelle possession, et si dans l'intervalle la chose n'a été possédée par personne, on conçoit qu'il n'y ait que la continuation d'une possession première (1).

Le temps qui s'écoule entre la mort du *de cujus* et l'adition de l'hérédité ne nuit pas à l'héritier pour l'usucapion, car l'héritier et l'hérédité, bien qu'il y ait là deux noms, ne remplacent qu'une seule personne, celle du défunt (2).

L'usucapion a commencé en la personne du défunt, elle peut se parfaire avant l'adition de l'hérédité (3).

Mais si l'esclave héréditaire avait acquis après la mort de son maître, pouvait-il acquérir à l'hérédité jacente, ou fallait-il attendre l'adition de l'hérédité ? On avait douté que l'usucapion pût commencer à l'égard d'une chose que le défunt n'avait pas possédée, et ce ne fut que plus tard, par exception, que l'on assimila les cas d'acquisition par le maître à ceux de l'acquisition par l'esclave, à titre de pécule. Au reste, si l'hérédité remplace le défunt, ne semble-t-il pas naturel que l'esclave puisse acquérir à l'hérédité, du moins à titre de pécule, ce qui suppose une autorisation générale, suppléant la volonté du maître ?

(1) D. Javolenus, 20, de usurp.
(2) D. Paul. 31, 5, eod.—41, 3, 22.
(3) D. Neratius, 40, eod.

C'est à la personne du défunt qu'il faudra s'attacher en cette hypothèse, puisque la possession de l'héritier n'est que celle du défunt continuée ; et pourvu qu'elle ait été juste en sa personne, peu importe celle de l'héritier. L'héritier peut être de mauvaise foi, croire à une donation là où il y avait une vente : la bonne foi du défunt le couvrira ; mais si c'est à lui-même que la chose est livrée *ex contractu*, la bonne foi lui sera nécessaire ; car ce ne sera plus une continuation de possession, et c'est au commencement de toute possession qu'est exigée la bonne foi (1).

Mais si le défunt a été de mauvaise foi, l'héritier même de la meilleure foi ne peut commencer une possession utile : le vice de la possession de nos auteurs persiste entre nos mains et rejaillit sur la succession, à moins que ce vice ne provienne de la chose et non de la personne : en ce cas, bien que la possession n'ait pu commencer chez le défunt, l'héritier usucapera si la chose a cessé d'être furtive, est rentrée dans le commerce, en un mot, est devenue susceptible d'usucapion (2).

Par le titre d'héritiers, nous devons entendre tous ceux qui succèdent aux droits, au patrimoine du défunt comme universalité.

C'est une constitution impériale qui a permis aux successeurs, à titre particulier, de joindre à leur possession celle de leur auteur.

(1) D. Papinien, 43, pr. eod.
(2) D. Pomponius, 24, 1, de usurp.

Celui qui a succédé à titre d'acheteur peut se servir des mêmes moyens de défense que son vendeur ; si vous m'avez vendu un esclave, la possession que vous en aurez eue me comptera pour l'usucapion.

Cette faculté s'étend à tous ceux qui détiennent un objet à titre particulier, onéreux ou gratuit. Le légataire joue presque en cette circonstance le rôle d'héritier vis-à-vis du défunt (1).

Vous achetez un esclave sous condition résolutoire, il vous est livré, puis la condition se réalise ; je crois, dit Javolenus, que le vendeur compte comme temps de possession celui pendant lequel la chose a été aux mains de l'acheteur ; mais cette opinion avait été contestée ; car on pouvait douter qu'il y eût deux possessions à réunir, le résultat étant le même que s'il n'y avait eu ni vente ni achat (2).

Comme cette accession a lieu entre personnes qui ont une possession distincte, il faut s'attacher au caractère de la possession tel qu'il peut être chez chacun. Bien que la possession de mon auteur ait eu tous les effets civils, si je suis de mauvaise foi, je ne pourrai usucaper. A l'inverse, si c'est la possession de l'auteur qui est vicieuse, quelle que soit ma bonne foi, cette possession ne pourra me servir.

En un seul cas, si le fonds dont s'est emparé un possesseur de mauvaise foi m'est restitué par l'ordre du juge, la possession vicieuse du *prædo* peut se joindre

(1) D. Paul. 14, 1, eod.
(2) D. Javol. 19, eod.

à la mienne : je suis en quelque sorte réputé n'avoir point cessé de posséder.

Si je ne pouvais joindre à ma possession la possession vicieuse de mon auteur, rien ne s'opposerait à ce que je pusse usucaper moi-même, si j'étais de bonne foi : il n'y a plus, comme dans l'hypothèse de l'héritier, une possession unique, au commencement de laquelle il faille s'attacher, mais deux possessions séparées pouvant avoir des commencements différents.

La Novelle 119 avait sur ce point introduit une distinction : il fallait que le véritable maître de la chose eût connaissance de l'aliénation et de l'action qui compétait, faute de quoi il n'était accordé à l'acquéreur que la prescription de trente ans.

Pour que la jonction de possession eût lieu, il fallait donc que les deux possesseurs fussent de bonne foi ; comme ils avaient prescrit tous deux, le temps du premier pouvait être réuni à celui du second ; encore fallait-il restreindre cette jonction à la possession qu'avait le premier avant la tradition résultant de la vente; mais celle-ci pouvait résulter de l'union de plusieurs possessions légitimes.

Nous devons donc signaler deux différences majeures entre les possesseurs universels ou à titre particulier.

Au premier cas, on ne s'attache qu'à la bonne foi de l'héritier ; au second, à celle des deux possesseurs particuliers.

Si l'auteur est de mauvaise foi, l'héritier ne pourra

jamais usucaper; les autres successeurs le pourront s'ils sont de bonne foi.

3° *De l'interruption.* Il peut se faire que le temps voulu par la loi se soit écoulé, et que cependant la chose ne soit point usucapée si la possession n'est pas continuée. Il y a des faits qui rendent inutile le temps qui les précède, et qui obligent à prescrire à nouveau, comme s'il n'y avait eu aucune prescription commencée.

On distingue deux sortes d'interruption : l'une naturelle, l'autre civile.

Il y a interruption naturelle, si nous avons été expulsés violemment, si la chose nous a été enlevée. L'empêchement n'est point seulement relatif, mais absolu, contre ceux même qui n'ont point participé à la violence, et peu importe que ceux qui nous ont expulsés en soient ou non propriétaires (1). C'est sur la possession que repose l'usucapion, la possession cessant, l'usucapion doit aussi cesser.

Il y a interruption si la chose devient telle qu'elle ne soit plus susceptible d'usucapion.

La possession est encore interrompue si celui qui possédait est pris par les ennemis; la possession ne peut même lui être conservée par ses esclaves qu'à titre de pécule. Peut-on dire que la possession du captif profite à son héritier? On objectera que la possession est interrompue, que si elle ne peut lui servir à lui directement, elle ne peut profiter à son héritier. Il

(1) D. Gaius, 5, de usurp.

est vrai qu'il a cessé de posséder de son vivant, et que le *postliminium* ne peut faire qu'il n'ait cessé de posséder, car la possession est un fait, et le *jus postliminii* ne relève que des déchéances de droit ; mais s'il meurt chez l'ennemi, on peut dire qu'il n'a pas cessé de posséder, car on le répute mort dès le jour de sa captivité, et c'est par l'hérédité jacente qu'il semble posséder se survivant en quelque sorte à lui-même. Si l'esclave de celui qui a été fait prisonnier achète à titre de pécule, il y aura, dit Julien, usucapion au profit du maître, si le maître revient usucapion au profit de l'héritier, si le maître meurt chez l'ennemi.

Marcellus rejette toute distinction entre l'acquisition *domini nomine aut peculiari causa*, et veut que dans l'un et l'autre cas la possession ne puisse être utile au maître. Comment pourrait-il acquérir plus de droit sur les choses que l'esclave possède pendant sa captivité, qu'il n'en peut retenir sur celles qu'il possédait lui-même auparavant ? La possession profite toujours à l'héritier (1).

Nous arrivons à un autre mode d'interruption assez curieux et particulier au Droit romain. Si je prenais à location ma propre chose qu'un tiers était sur le point d'usucaper *pro hærede*, le louage était nul, parce qu'on ne pouvait devenir locataire de sa propre chose; il en eût été de même pour une vente ; et l'usucapion elle-même était interrompue par faveur pour la propriété (2).

Si une chose est confiée en dépôt, le déposant garde

(1) D. Paul, 15, pr. de usurp.
(2) D. Javol. 21, eod.

la propriété et la possession, mais si elle a été mise en séquestre, c'est le séquestre qui possède, puisque la chose ne lui a été donnée que pour que la possession ne profitât à personne. La possession se trouve donc interrompue ; mais celui qui sortira vainqueur du procès joindra la possession du séquestre à la sienne (1).

Bien que le débiteur qui donne un gage transfère au créancier la possession de la chose, nous avons vu qu'il retenait la possession en tant qu'elle conduisait à l'usucapion, qu'il était réputé posséder, tant que la chose était chez le créancier, et cela dans l'intérêt même du créancier pour consolider son gage ; mais si le créancier transfère à un autre la possession, le débiteur ne possède plus ; de même à l'égard du déposant ou du locateur pour la chose louée ou déposée.

L'usucapion du débiteur n'eût pas été interrompue si le créancier avait, par simple convention, consenti une hypothèque sur la chose sans en remettre la possession ; car il n'eût pas cessé de posséder par le débiteur.

Si c'est l'esclave du créancier qui lui a volé la chose, bien que le créancier ne possède plus, l'usucapion continue pour le débiteur, car l'esclave par son vol ne peut rendre pire la position de son maître à l'égard de l'usucapion : ce qu'on admet plus facilement encore au cas où le créancier tient la chose à titre précaire ; car alors c'est lui qui possède, et si son esclave vole la chose, la possession n'est point intervertie.

Si je vous donne en gage la chose que j'usucapais

(1) D. 16, 3, 17, 1.

de bonne foi, ignorant qu'elle fût à vous, je ne pourrais plus usucaper, car vous ne pouvez recevoir en gage votre chose, et son retour entre vos mains interrompt la possession ; mais il n'en serait rien si la constitution du gage résultait d'une simple convention ou était nulle.

La fureur n'interrompt point l'usucapion (1).

L'interruption civile est celle qui naît d'un acte par lequel la loi répute fictivement la possession interrompue, car bien que le défendeur ait usucapé pendant l'instance, si le demandeur prouve que la chose était à lui lors de la *litis contestatio*, la chose sera restituée comme si elle n'avait pas été usucapée.

Sous Justinien, il n'y a plus aucune différence entre l'usucapion et la prescription : la possession est interrompue dès l'instant où la controverse est élevée ; et si le défendeur est absent, s'il est impossible de le citer en justice, il permet d'interrompre l'usucapion par un placet adressé au président, et, à défaut, à l'évêque ou au défenseur de la cité.

(1) D. Paul. 31, 3.—Papinien, 44, 6, de usurp.

DROIT FRANÇAIS.

DE LA SUSPENSION DE LA PRESCRIPTION.

2251—2260.

1. La suspension de la prescription est un obstacle de droit temporaire, qui empêche la prescription de continuer son cours. Elle met en réserve tout le temps antérieur, pour le joindre, lorsqu'elle cessera d'être, à celui qui suit. Aussi a-t-on dit avec raison de la prescription qui était suspendue, qu'elle sommeillait, *dormit præscriptio*.

Il faut la distinguer de l'interruption, qui, loin de le mettre en réserve, rend inutile tout le temps qui a déjà couru, et produit son effet dans le passé. Elle n'empêche pas de prescrire ; mais ne comptant point le temps écoulé, elle oblige à une possession nouvelle, basée sur toutes les conditions légales, comme si l'on n'avait jamais été en voie de prescrire.

Il peut y avoir interruption d'une prescription suspendue, car cette faveur est toute dans l'intérêt de celui pour qui elle a été suspendue.

2. La suspension de la prescription tire sa raison

d'être de l'impossibilité légale d'agir. Pour que la loi puisse vous rendre responsable de votre négligence, de l'abandon d'un droit illégitime ou de l'aveu de l'inexistence d'un droit, il est nécessaire que pendant tout le délai qu'elle accorde à chacun pour s'informer de ses droits, et des empiétements commis à son préjudice, vous ayez réuni une entière liberté, une entière capacité d'agir.

Si votre incapacité naturelle vous rend inhabile à la vie civile ; si l'influence de personnes, auxquelles vous devez le respect et l'obéissance, a pesé sur vos décisions en vous condamnant au silence ; si votre inaction est le fait de circonstances contre lesquelles on ne peut vous reprocher de n'avoir pu lutter, il semble conforme au droit et à l'équité que la loi vous vienne en aide et vous relève des obligations qu'elle vous imposait jusqu'à ce que vous puissiez les remplir. Pour que votre silence ait une signification légale, il ne faut pas qu'il soit forcé, mais que vous en soyez responsable.

3. C'est à la règle *contra non valentem agere non currit præscriptio* qu'il faut rattacher toutes les causes d'où la loi fait découler une suspension de prescription ; mais ce principe si juste soulevait dans la pratique de grandes difficultés ; on savait bien que la prescription ne pouvait courir contre celui qui était empêché d'agir ; mais s'agissait-il de limiter ces empêchements, d'en apprécier le caractère, l'équité suggérant à chacun des distinctions subtiles, sur lesquelles on tombait rarement d'accord, c'était aller

contre le but de la prescription, qui, en donnant de la certitude à la propriété, voulait éviter bien des occasions de procès.

Notre Code a cru devoir rompre avec ces traditions dangereuses, et, imprimant à la suspension le caractère exceptionnel qu'on avait failli lui enlever, il a déclaré que la prescription courrait contre toutes personnes, à moins qu'elles ne fussent dans quelque exception établie par la loi (art. 2251). C'était mettre un terme aux dissensions des jurisconsultes, ramener la prescription à une unité des plus utiles.

4. Quelques auteurs ont cru devoir résister à cette interprétation. Ils font une distinction entre les causes de suspensions personnelles et celles qui résultent des faits extérieurs, étrangers à la capacité de la personne. Ils prétendent que le Code n'a pu et n'a voulu terminer toutes les contestations qu'à l'égard des premières : il devait régler ces questions, parce qu'elles touchent à l'état des personnes ; quant aux causes non personnelles, elles sont trop nombreuses pour que la loi ait pu les prévoir, et leur nature s'y oppose ; c'est aux tribunaux qu'il appartient d'apprécier les faits qui excusent la négligence et méritent faveur à ceux qui en ont été les victimes ; l'art. 2251 n'est point une limitation à la règle *contra non valentem,* et nulle part on n'en trouve l'abrogation.

5. Mais il me semble fort difficile de donner à l'art. 2251 un sens aussi restreint ; ses termes sont généraux, s'appliquent également aux causes de suspension qui sont personnelles et à celles qui ne le sont

pas, car il n'a point fait de distinction. Si la règle *contra non valentem* n'a pas été abrogée en termes exprès, le législateur a manifesté son opinion d'une manière non douteuse en posant le principe contraire, qu'il n'y aurait d'exception au cours légitime de la prescription que celles qui seraient prévues par la loi. De ce que la loi, empruntant ce qu'elle trouvait juste dans l'ancienne doctrine, a, par les articles suivants, précisé les exceptions telles qu'elle voulait les limiter, on ne peut sans contradiction conclure qu'elle a adopté le principe lui-même, et que partout où il y a impossibilité d'agir, la suspension doit avoir lieu. La question se réduit à savoir si les exceptions qu'on propose sont écrites dans la loi, et en ces termes elle se résout d'elle-même.

6. On ne peut lui reprocher d'être contraire à la raison; car dans la pensée du législateur les délais sont assez longs pour qu'on ne doive point les augmenter par des empêchements momentanés, et l'intérêt général qui, avec la punition de la négligence et la prescription d'une libération ou d'une acquisition légitime, est la base de la prescription, exigeait qu'on sortît d'un arbitraire pire mille fois que les maux dont on se voulait garantir par la prescription. C'était rejeter la propriété dans l'incertitude, que permettre à chacun d'alléguer des impossibilités d'agir résultant non moins de la guerre que d'une maladie et de toute affaire qui ne pourrait être différée.

Enfin, si des circonstances vraiment exceptionnelles le demandaient, ne serait-il pas toujours possible de rendre une loi spéciale qui obvierait d'une manière transitoire à des impossibilités momentanées dûment constatées?

7. On ne peut s'appuyer sur un avis du conseil d'Etat rendu en matière de protêt; s'il n'est pas besoin que la force majeure soit en ce cas reconnue par une loi, si elle est abandonnée à l'appréciation des tribunaux, c'est qu'il s'agit de matières spéciales, qui requièrent célérité, et qui sont prescrites dans le délai le plus court. On n'en peut tirer aucune induction, et notre texte, dont la dernière phrase a été insérée avec réflexion à la suite d'observations au Corps législatif, ne permet aucune incertitude à cet égard.

8. En résumé, dans l'ancienne jurisprudence, d'interminables controverses s'élevèrent sur l'étendue de la règle *contra non valentem*. En présence de ces dissentiments, le texte positif de notre article 2251 doit être regardé comme une protestation, et quel que soit l'obstacle de fait qui ait empêché le créancier d'exercer son action, il n'y a pas lieu à suspendre la prescription si cet obstacle n'est pas prévu par la loi.

9. Nous allons parcourir les différentes hypothèses dans lesquelles ces empêchements de fait ne doivent pas, malgré la faveur qui s'y attache, être pris en considération.

10. La prescription est-elle suspendue au profit des militaires employés dans les armées en temps de guerre?

Le droit romain n'avait point suspendu la prescription contre les militaires, mais il accordait une *restitutio in integrum* à tout militaire qui se trouvait en expédition, s'il avait été lésé pendant le temps qu'il avait été obligé de passer hors de son foyer.

Sous la République, on sentit le besoin de veiller à la conservation des biens des défenseurs de la patrie, et l'art. 2 de la loi du 6 brumaire poussait, à cet égard, fort loin la prévoyance : « Aucune prescription, expi-
« ration de délais, ou péremption d'instance ne peut
« être acquise contre les défenseurs de la patrie et
« autres citoyens attachés aux armées de terre et de
« mer, pendant tout le temps qui s'est écoulé ou s'é-
« coulera depuis le départ de leur domicile, s'il est
« postérieur à la déclaration de la présente guerre,
« ou depuis ladite déclaration, s'ils étaient déjà au
« service, jusqu'à l'expiration d'un mois après la pu-
« blication de la paix générale, ou après la signature
« du congé absolu qui leur sera délivré avant cette
« époque. Le délai sera de trois mois si, au moment
« de la publication de la paix ou de l'obtention du
« congé absolu, les citoyens font leur service hors de
« la République, mais en Europe ; de huit mois hors
« les colonies en deçà du Cap, de deux ans au delà
« de ce Cap. »

La loi ne fait aucune distinction entre le militaire qui se trouverait momentanément dans ses foyers ou en serait éloigné. Comme cela ne peut être qu'accidentel, il est réputé absent, relevé de toute prescription, quel que soit le lieu où il fasse son service. Peu importe qu'il ait pu veiller à ses intérêts, la présomption de la loi est pour lui, pourvu qu'il fasse partie de l'armée; car un gendarme, qui serait employé à l'intérieur, ne pourrait en réclamer le bénéfice (1).

C'était une loi spéciale, qui n'avait trait qu'à la guerre commencée lors de sa publication. Le traité d'Amiens, du 10 floréal an x, avait fait espérer la cessation des hostilités; mais il fut plutôt une trève qu'une véritable paix; il ne reçut point d'exécution, les hostilités ayant recommencé dans un temps très-prochain de sa ratification. Aussi la Cour de cassation décida-t-elle qu'il ne pouvait abroger la loi du 6 brumaire an v, le gouvernement lui-même l'ayant reconnu en ce sens, lorsqu'il en ordonnait la publication au delà des Alpes, et plus tard en Hollande. (Cass., 30 avril 1811.)

Ce ne fut que le 30 mai 1814 qu'un traité de pacification générale fit cesser les circonstances pour lesquelles cette loi avait été faite. On accorda, il est vrai, par une loi du 21 décembre 1814, une prorogation du délai de l'art. 2 jusqu'au 1er avril suivant; mais ce temps était nécessaire à des militaires si éloignés de leur patrie pour regagner leurs foyers.

Après l'expiration de ces délais, la loi du 6 brumaire cessa de plein droit d'être en vigueur, et, maintenant abrogée, elle ne pourrait s'appliquer aux guerres de l'avenir. Chacun doit s'imputer à négligence de n'avoir point laissé en son absence un mandataire chargé d'exercer ses droits.

11. C'est une question controversée de savoir si la

(1) 26 pluviose an II. — Rej., 14 nov. 1827.

loi de brumaire a organisé une véritable suspension de la prescription, ou si la prescription continue de courir, mais devient inopposable, si le militaire réclame dans le délai qui lui a été accordé selon l'éloignement où il se trouve de ses foyers.

Plusieurs arrêts ne voient dans la loi de brumaire qu'un délai de faveur accordé au militaire pour se faire relever des déchéances, des prescriptions qui n'ont cessé de courir contre lui ; c'est une sorte de restitution renfermée dans un délai légal, et si le militaire n'use point de cette faculté, tout est confirmé contre lui.

Cependant, je croirais volontiers que le législateur a organisé une véritable suspension de la prescription ; il n'a point, il est vrai, prononcé le mot, mais aucun des termes de la loi de brumaire n'y répugne. Dire que la prescription ne peut être acquise contre une personne de telle époque jusqu'à telle autre, c'est déclarer que ce temps intermédiaire ne pourra servir pour la prescription ; ce qui est le signe caractéristique de toute suspension. Si, par une loi postérieure, on augmente encore ce délai, on ne peut dire que cette loi soit inutile, puisque le temps pendant lequel la prescription sommeille se trouve augmenté d'autant. Dans l'intention du législateur, c'est une loi de protection pour le militaire : tant qu'il est au service, il ne peut agir ; même après la durée réelle du service, si une protection lui est encore assurée, c'est qu'on présume qu'il lui faut du temps pour revenir dans ses foyers (aussi voyons-nous les délais augmenter avec les distances), qu'il n'a pu prendre immédiatement la surveillance utile de ses affaires. Il semblerait donc rigoureux de faire courir contre lui un délai qu'en fait, et d'après les présomptions de la loi, il lui est impossible d'utiliser. Tout ceci est confirmé par les paroles de M. Tronchet au conseil des Anciens, par l'exposé des motifs et les discussions qu'il a soulevées, et cependant la jurisprudence de la Cour de cassation paraît s'être arrêtée à l'opinion contraire (1).

12. La prescription court-elle contre les absents?

Le droit romain n'avait jamais laissé le moindre doute à cet égard : aucune cause ne leur méritait une protection plus particulière qu'au pupille ; mais on admettait la restitution en faveur de celui qui avait perdu un droit ou une action par suite de l'impossibilité où il s'était trouvé de l'exercer contre un absent; c'était une nécessité de la procédure romaine, qui exigeait la contestation en cause pour interrompre la prescription, car cette formalité était impossible avec un absent non défendu. Aussi cette restitution n'avait-elle plus aucun fondement dans le droit de Justinien, et notre ancienne jurisprudence, où une protestation faite devant le juge ou l'évêque du lieu, ou, à leur défaut, devant notaires, ou encore devant trois témoins, et même une simple assignation libellée suffisait pour interrompre la prescription.

(1) Aff. Lyon, 12 fév. 1835. — Paris, 16 août 1837. Dev., 35. 2. 382. — 38. 2. 35. — Troplong, n° 1707. — Duranton, 21.

Nég. — Bourges, 6 mars 1826. — Grenoble, 16 juin 1831. — Poitiers, 30 août 1828. — Cass., 23 novembre 1831. — Rej., 8 fév. 1836.

13. Les cas où les absents pouvaient se faire relever contre la prescription étaient les suivants :

1° L'absence pour le service de l'État : ceux à qui le prince confie des missions à l'étranger, ceux qui servent à l'armée ;

2° L'absence causée par une juste crainte, celle de la mort, celle de perdre la liberté, l'honneur ;

3° L'absence qui vient d'une étude dans les universités.

14. Les docteurs, à l'aide de ces exemples, avaient introduit de nombreuses restitutions, pour bannissement, exil, excommunication, pour cause de maladie, pour l'exécution d'un vœu qui n'a pas été fait par affectation, pour voyage de commerce utile. Dans tous ces cas où l'absence était dite privilégiée, nécessaire ou même volontaire, mais digne d'intérêt, on n'était point astreint à laisser un procureur ; et même, dans le cas où l'on aurait pu en choisir un avant l'absence, on était encore restituable, s'il était mort, ou ne s'était point trouvé capable, ou ne s'était pas suffisamment défendu.

On voit assez, par cette courte analyse, tirée de l'ouvrage de Dunod, dans quelles discussions jetaient les restitutions pour cause d'absence ; elles étaient une source inépuisable de procès : le repos, la tranquillité qu'avaient promis les Constitutions de Justinien étaient, certes, bien loin ; mais des critiques pleins d'autorité rejetaient ces distinctions subtiles. D'Argentrée, Charondas, Catelan, et avant le Code civil un arrêt de la Cour de cassation, avaient fixé la jurisprudence en ce sens (1).

15. Sous le Code civil, l'art. 2251 confirme cette doctrine : l'absence ne peut être une cause de suspension.

Elle ne peut être non plus une cause de restitution, car les majeurs ne sont restitués pour lésion que dans les cas prévus par la loi (art. 1313).

Les personnes qui s'éloignent de leur domicile peuvent se donner des mandataires.

16. — Quant à ceux dont l'existence est incertaine ils sont représentés par les envoyés en possession provisoire intéressés à défendre leurs intérêts. Si l'art. 1676 semble dire que la prescription court contre les absents, il n'y faut point voir une exception, mais une énonciation ; la matière est toute différente.

17. — Faut-il, pour les causes ordinaires de suspension, considérer la personne des absents ou des envoyés? Doit-on regarder les envoyés à l'égard des tiers comme des administrateurs, des mandataires, ne pouvant agir qu'au nom de l'absent, avec ses droits, ou bien comme des héritiers ayant des droits de leur propre chef? Pour que la prescription soit suspendue, lequel de l'absent ou de l'envoyé en possession provisoire doit être mineur ou interdit?

Deux points sont certains : si l'absent a reparu, si le conflit s'engage entre lui et les tiers, c'est de sa propre personne qu'il devra tirer les causes de suspen-

(1) Cass., 12 mai 1801.

sion (1). Si l'absent n'a plus donné de ses nouvelles, ce sont les envoyés en possession qui sont réputés propriétaires dès le jour de la disparition, c'est à leur personne qu'il faudra s'attacher. Mais que décider éventuellement ?

Premier système. Il faut considérer uniquement la qualité de l'absent, c'est le véritable adversaire des tiers ; car l'envoyé en possession n'est qu'un dépositaire avec mandat (art. 125) ; si les tiers peuvent opposer la prescription contre l'absent, le fait de l'absence ne peut leur nuire et ils l'opposeront aux représentants de l'absent.

Second système. Les héritiers les plus proches du jour de la déclaration d'absence sont envoyés en possession parce qu'on suppose l'absent décédé à cette époque : c'est à titre d'héritiers présomptifs qu'ils ont appréhendé les biens du défunt, et ils ne peuvent vis-à-vis des tiers avoir une autre qualité. Ils ne sont donc point de simples mandataires, ils ont un droit personnel.

Au reste, si l'envoyé est majeur, il ne pourra opposer la minorité de l'absent, car il lui faudrait, ce qui est impossible, prouver l'existence dont l'incertitude même a amené l'envoi en possession. S'il est mineur, les tiers ne peuvent arguer de la majorité de l'absent,

(1) Cependant M. Demante soutient que l'absent peut invoquer les causes qui lui sont personnelles, aussi bien que celles des envoyés ; qu'il suffit que l'on soit mineur pour que la prescription soit suspendue à l'égard de tous. Les envoyés ne sont-ils pas responsables vis-à-vis de l'absent ? Ne doivent-ils pas être protégés par leur minorité pour qu'ils ne souffrent en définitive aucun préjudice ?

à cause de cette même incertitude. C'est donc à la condition des envoyés qu'il faut s'attacher pour déterminer s'il peut y avoir suspension de la prescription.

18. — Le mot absent présente en matière de prescription une autre signification: Les éléments de cette absence ont varié avec les différentes époques du droit: mais loin de constituer une suspension, cette absence n'a jamais amené qu'une prolongation de la prescription.

En droit romain la prescription était de dix ou vingt ans, selon que les parties habitaient ou non dans la même province. En droit français, il faut que le véritable propriétaire habite dans le ressort de la Cour dans l'étendue de laquelle l'immeuble est situé, pour que le prescrivant puisse invoquer le plus bref délai de prescription.

19. — L'émigration était un délit: elle ne pouvait, pour ceux qui aux yeux de la loi s'en étaient rendus coupables, être la source d'aucun droit. La prescription continuait de courir contre eux. Mais leurs biens ayant été dévolus par confiscation à l'État, c'est l'État qui les représentait et poursuivait leurs droits (loi du 25 juillet 1793). Les débiteurs pouvaient opposer à l'État les moyens de défense qu'ils eussent opposés à leur créancier, s'il n'eût pas émigré.

De même les dettes des émigrés subsistaient contre eux, si l'État ne les avait point acquittées, ou si la prescription n'en avait pas été acquise. La loi du 25 avril 1825 ne les relève pas de ces déchéances. Les créanciers de l'émigrant purent agir sur l'indemnité qui lui était accordée : mais il ne fallait pas que leur dette fût prescrite, et ils ne pouvaient justifier leur inaction par la pauvreté de leur débiteur, puisque l'État avait succédé à ses obligations. Ils ne pouvaient arguer qu'à cette époque l'insolvabilité de leur débiteur rendait tout recours illusoire, car la suspension ne peut découler que d'un obstacle de droit, et rien ne s'opposait à des mesures conservatoires.

20. — Deux hypothèses seules avaient motivé exception. Si le créancier et le débiteur avaient émigré, l'État par leur mort civile était devenu successeur de l'un et de l'autre : il s'était opéré une confusion qui empêchait la poursuite des droits réciproques : aussi le temps pendant lequel l'État reste propriétaire de ces biens ne pouvait-il servir à la prescription.

La loi du 25 juillet 1793 ne reconnaissait comme dettes des émigrés que celles qui étaient constatées dans des actes authentiques. Si la règle *contra non valentem* ne peut s'étendre aux obstacles de fait, il ne saurait en être de même à l'égard de ceux qui proviennent de la loi elle-même. La prescription devait en ce cas être suspendue, car le créancier ne pouvait agir ni contre l'émigré dépossédé de ses droits, ni contre l'État qui en refusait la succession.

21. — La prescription court-elle contre ceux qui ignorent leurs droits?

Il ne pourrait y avoir de doute à ce sujet, si elle reposait uniquement sur l'abandon ou la reconnaissance d'un droit : il faudrait savoir qu'on eût un droit pour l'abandonner ou renoncer à ses prétentions ; mais la prescription n'a-t-elle pas pour objet principal la sûreté générale de la propriété? Il sera malheureux que quelques personnes soient dépouillées à leur insu, mais admettre un recours, c'est ouvrir une source nouvelle de contestations. Chacun ne manquerait d'alléguer son ignorance: l'ignorance étant présumée, la preuve contraire serait le plus souvent impossible. Au surplus l'ignorance aura rarement été invincible; quelque faute pourra leur être reprochée: mais seraient-ils excusables, que la tranquillité publique doit être préférée à l'intérêt de quelques particuliers.

22. — En droit romain la prescription courait contre tous, qu'ils connussent ou qu'ils ignorassent leurs droits. C'était le principe de l'ancienne usucapion. Justinien en augmentant les délais ne pouvait l'abandonner, puisqu'il rendait la cause de l'ignorance moins favorable. *Nulla scientia vel ignorantia expectanda ne altera dubitationis inextricabilis oriatur occasio.*

23.— Ce fut cependant des termes mêmes de l'édit que l'on s'empara pour soutenir l'existence d'une restitution à l'égard de l'ignorant. Dans ces mots, *si qua alia mihi justa causa videbitur*, ils voyaient la faculté d'assimiler aux restitutions prévues par la loi, toutes celles que pourrait réclamer l'équité. Le peu de développement des facultés intellectuelles chez les majeurs non interdits, la rusticité, l'ignorance présumée des lois chez la femme, leur paraissaient autant de causes de suspension.

Cette doctrine qui, pervertissant la prescription, oubliait qu'un long délai n'avait été accordé à chacun que pour donner satisfaction à ces empêchements momentanés, fut vivement attaquée par d'Argentrée, Dunod; et des arrêts de parlement avaient déjà tranché la question dans l'intérêt de l'ordre public, lorsque le Code civil, dans les art. **2251** et **1313**, mit un terme à ces discussions fâcheuses (**1**).

24. Quelques exceptions devaient être apportées à cette règle rigoureuse qu'exigeait la loi de l'État; mais le soin avec lequel le Code a limité sa protection, le court intervalle dans lequel il a enfermé l'ignorance, nous sont garants de son intention de rompre avec les traditions du passé, qui promettaient une entière sécurité, sans pouvoir jamais l'assurer contre des restitutions imprévues.

Dans les divers cas où le mari est autorisé à réclamer contre la paternité qui lui est attribuée par le mariage, il a deux mois pour le faire après la découverte de la fraude, si on lui avait caché la naissance de l'enfant (316).

L'action en nullité qui n'est pas limitée à un moindre temps par une loi particulière dure dix ans... Ce délai court, dans le cas d'erreur ou de dol, du jour où ils ont été découverts (1304).

La prescription de l'hypothèque commence, non pas du jour où elle a été consentie, mais du jour où le titre qu'elle suppose a été transcrit sur les registres

(1) Dunod, chap. XI. — Merlin, *Prescrip.*, 9, VIII. — Troplong, 712, 714.

du conservateur, afin que les tiers ne soient pas dans l'ignorance (2180).

25. La guerre, la peste, les inondations et tous autres faits de force majeure, donnent-ils lieu à une suspension de la prescription ?

C'est une question que nous avons résolue en principe, d'une manière générale, en rejetant la règle *contra non valentem* avec ses extensions d'équité, contre lesquelles le Code s'était formellement prononcé et avec raison, puisqu'elles allaient contre le but de la prescription.

Entrons cependant dans quelques explications.

Si l'on admet que l'exception de force majeure soit une question de fait, qu'il soit au pouvoir des juges de déterminer quand il y a eu impossibilité légale d'agir, peut-on dire en principe qu'il est nécessaire que l'action de la justice ait été arrêtée pour qu'il y ait suspension? L'appréciation des tribunaux n'est-elle pas souveraine? De même pourrez-vous distinguer si la prescription était sur le point de s'accomplir, si la dette était payable en un lieu où les communications fussent possibles? Il faut être conséquent avec soi-même, admettre l'omnipotence du juge sur les questions de fait. Or, c'est arriver à des désordres, à des jugements contraires, et vous ne pouvez admettre ici des distinctions subtiles, dangereuses, auxquelles vous vous refusez pour l'ignorance et l'absence, où les raisons de décider devraient être les mêmes.

C'est à l'État de juger législativement s'il y a eu impossibilité légale d'agir ; cela blessera quelques intérêts privés, mais n'est-ce pas une conséquence inévitable de la prescription qui, toute d'ordre public, veut être envisagée à un point de vue supérieur, dégagée de quelques sacrifices particuliers qu'elle impose? Nous devrions nous étonner qu'il n'en fût pas ainsi.

Dunod nous dit qu'une ordonnance fut jugée nécessaire dans le comté de Bourgogne, de 1636 à 1650, pour suspendre la prescription, bien que la guerre et la peste eussent fait cesser le cours de la justice. Au temps de la Ligue, en 1596; sous la Révolution, en Vendée, les décrets du 22 août 1793, du 23 frimaire an II, nous en donnent de nouvelles preuves (1).

Si de nombreux arrêts de la Cour de cassation, un avis du conseil d'État, régulièrement approuvé et inséré au Bulletin des Lois (2), reconnaissent que l'ap-

(1) Dunod, p. 63. — Marcadé, 2251. — *Contra.* Merlin, Pres. 9. 10. — Vazeille, 315. — Troplong, 727, 728.

(2) Considérant que lors de la discussion du Code de commerce au Conseil d'État, l'opinion qui a prévalu sur cette question a été de ne point fixer de limites à l'application de l'exception tirée de la force majeure, et de laisser les tribunaux juges des cas et des circonstances qui devaient la faire admettre en matière de protêt; est d'avis que l'exception résultant des événements de guerre, est reçue pour relever les porteurs de lettre de change et de billets à ordre, de la déchéance encourue à défaut de protêt à l'échéance et de dénonciation dans les délais, et que l'application, selon les cas et les circonstances, est abandonnée à la prudence des juges. (Janvier 1815.)

Avis confirmé par une circulaire du ministre au préfet du Rhône, le 24 avril 1834 : « La chambre du commerce voudrait qu'une loi fût immédiatement présentée, pour soustraire à la déchéance les porteurs des « effets de commerce qui n'ont pu être protestés en temps utile, à raison « des troubles dont Lyon vient d'être le théâtre. Le gouvernement pense « comme vous et comme la Chambre du commerce, que les derniers événements sont un de ces cas de force majeure, qui, d'après la jurisprudence, exemptent de la déchéance les porteurs d'effets de commerce « auxquels les circonstances n'ont pas permis de remplir les formalités « du protêt, mais il ne croit pas que pour accomplir cet acte d'équité « une loi soit nécessaire : la jurisprudence est formelle et suffisante. »

préciation de la force majeure doit être abandonnée à la prudence du juge, remarquons qu'il s'agit toujours de prescriptions commerciales, que les délais y sont courts, que toutes ces affaires requièrent célérité, et que les mêmes raisons ne peuvent exister en matière civile.

26. Je ne mets pas en doute que la même décision serait applicable entre Français et étrangers, si la guerre était déclarée entre les gouvernements respectifs. Tant qu'un décret spécial, comme celui du 8 juillet 1803, qui ordonnait que jusqu'au rétablissement de la paix, il ne serait reçu devant les tribunaux aucune instance pour les engagements contractés par des négociants français envers les Anglais; tant qu'un décret spécial n'est point intervenu, ou qu'une défense formelle de communiquer n'a pas été mise à la suite de la déclaration de guerre, la prescription n'est point suspendue. Elle ne peut l'être, puisqu'il n'y a d'exception que celle établie par la loi, et que la loi est muette.

27. Je n'admets d'exception à la règle *contra non valentem* que celle qui résulte d'un empêchement créé par la loi elle-même : aussi la Cour de cassation a-t-elle admis la confusion comme cause de suspension de la prescription. La question se présenta souvent devant les tribunaux entre émigrés. Les biens du créancier et du débiteur ayant été confisqués, la confusion interdisait toute action aux deux parties ; c'était bien un obstacle de droit, aussi l'on n'hésita point à décider qu'il ne fallait pas compter pour la prescription le temps où l'État était resté propriétaire (1).

28. Il fut jugé de même que la prescription du droit d'usage était suspendue, pendant tout le temps où les droits d'usage se trouvaient confondus avec ceux du propriétaire (Rej. 18, fév. 1835. Dev. 35. 1. 721).

29. L'état de faillite du débiteur ne peut être une cause de suspension de la prescription qui court contre le créancier. Qu'il s'agisse de droits réels ou de droits personnels, le créancier n'est jamais empêché d'agir. Les présomptions de la prescription existent contre lui dans toute leur force. Il peut diriger des poursuites contre les représentants de la faillite; soit par une saisie, un protêt ou un commandement, il peut conserver ses droits. Toutes les formalités par lesquelles passe une faillite avant d'arriver à la liquidation des créances : nomination des syndics, vérification, affirmation, loin de l'obliger à l'inaction, le constituent en faute, s'il n'agit point. Il doit en être ainsi, à plus forte raison, du concordat. Il constitue une sorte de novation entre les créanciers et le failli, et c'est là la reconnaissance la plus expresse de la dette puisque, quelle que soit leur nature, elles ne deviennent, en vertu du nouveau titre, prescriptibles que par 30 ans.

30. Les servitudes s'éteignent par le non usage; celui qui reste trente ans sans user de son droit est présumé y renoncer, ou avouer tacitement que ce droit n'était pas fondé. Toutefois la loi exige que ce non usage porte en soi le caractère d'une renonciation, d'un abandon, et, distinguant les servitudes disconti-

(1) 21 juillet 1829. — Troplong, 709. — Vazeille, 314.

nues qui ne s'exercent que par le fait de l'homme, et les servitudes continues qui s'exercent sans aucun fait actuel de l'homme, elle veut que, pour les premières, le non usage résulte de la simple absence d'aucun exercice; pour les autres, du silence du propriétaire du fonds dominant en présence d'un acte contraire à son droit.

Est-il nécessaire que cette inaction soit volontaire? y aurait-il lieu à une suspension de la prescription, si l'inaction provenait d'une impossibilité physique? d'user de la servitude par suite d'un changement survenu dans la nature de la chose?

C'est une question assez controversée, qui partage encore aujourd'hui les auteurs.

31. Si les choses revenaient à leur état naturel, pourrait-on user à nouveau de la servitude, bien qu'il y eût eu trente ans de non usage?

Trois systèmes sont formulés.

Le délai de trente ans, selon les uns, n'est qu'un simple délai préfixe : ce n'est point une prescription : par suite, il ne peut y avoir de suspension, et le délai écoulé, la servitude ne pourra être rétablie.

Dans le projet du Code, le délai pendant lequel la servitude, qui en pur droit était éteinte, pouvait être rétablie, était de dix ans alors que l'extinction de la servitude par le non usage procédait par trente ans. Le législateur ne confondait donc pas ces deux cas, et s'il a augmenté la durée du délai, il n'a pu en changer la nature. L'art. 703, l'article 704 ne seraient-ils pas inutiles s'ils consacraient une véritable prescription susceptible d'interruption et de suspension? Ils ne seraient que la répétition oiseuse de l'art. 706.

N'y aurait-il pas, au surplus, un inconvénient majeur à perpétuer ainsi une servitude, dont l'existence ne serait attestée par aucun signe apparent (1)?

32. Selon d'autres, ce délai de trente ans constitue une véritable prescription. Dans l'art. 665, lorsqu'on a reconstruit une maison... les servitudes se continuent... pourvu que la reconstruction se fasse avant que la prescription soit acquise. C'est le mot de prescription qu'emploie le législateur pour désigner le délai analogue de celui dont nous parlons, et dans les art. 708, 709, 710, nous le retrouvons dans le même sens. L'art. 704 traite donc d'une véritable prescription, susceptible d'interruption et de suspension.

Le droit romain restituait contre le non usage résultant d'un accident de force majeure. Domat déclare que la prescription ne peut courir contre celui qui ne peut user de la servitude, et ces traditions ont été conservées par le Code. On pourra donc, à quelque époque que les choses permettent l'usage de la servitude, en recommencer l'exercice, qui n'aura été que suspendu. L'art. 707 ne dit-il pas qu'il faut un espace de temps suffisant pour faire présumer l'extinction de la servitude? or, l'extinction repose sur un abandon volontaire. On ne saurait l'induire d'un non usage forcé, d'une impossibilité d'user; donc la prescription ne saurait courir en ce cas, qui n'explique pas le

(1) MM. Ducaurroy, Bonnier, Roustain. II, n° 364.

consentement du propriétaire du fonds dominant à abandonner son droit.

Ce n'est qu'une application rationnelle du principe *contra non valentem agere non currit præscriptio.*

33. Dans une troisième opinion, qui me semble conforme au texte et à l'esprit de la loi, le délai de trente ans est, comme dans la seconde, une véritable prescription, la même que celle qui résulte du non usage; mais on ne distingue point entre le non usage forcé ou volontaire, on lui applique indifféremment tous les principes de la prescription. L'art. 2252 n'admet d'autres causes de suspension que celles qui sont établies par la loi; or, notre article 707 ne fait aucune distinction; le principe *contra non valentem* n'a pas passé dans notre droit, puisqu'il y a été spécialement dérogé, et si l'impossibilité d'agir peut constituer un empêchement, ce n'est que si l'obstacle d'où naît cette impossibilité est un obstacle de droit. Or, l'obstacle résultant d'un changement dans la nature de la chose, est un pur obstacle de fait, qui ne peut justifier aucune suspension.

L'on ne peut argumenter du mot présumer, car il faut ne point oublier l'origine complexe de la prescription : présomption de libération, intérêt d'ordre public; il faut les combiner, n'attribuer aucun effet spécialement à l'un plus qu'à l'autre. S'il y a une présomption, c'est une présomption absolue, qui n'admet point de preuve contraire, et encore on ne peut admettre que ce soit une présomption, car il faudrait en dire autant de l'extinction par le non usage, et lors de la présentation du projet de ce titre au tribunat, le tribun Albisson déclara nettement que la liberté des héritages réclamerait contre le rétablissement des servitudes, s'il pouvait avoir lieu après une durée de temps indéfinie ; que la loi disait avec justice que la servitude ne pouvait plus revivre, lorsqu'il s'est écoulé un espace de temps suffisant pour faire présumer l'extinction de la servitude, ainsi qu'il est dit en 707.

Remarquons qu'il y aura peu d'inconvénient à ce système, car la prescription peut être interrompue soit par une reconnaissance émanée du propriétaire, soit par une demande en déclaration de servitude, analogue à l'action contre les tiers détenteurs en déclaration d'hypothèque, et l'interruption peut être légalement admise, puisque le Code lui-même reconnaît la suspension pour cause de minorité (art. 710).

34. Quel est le point de départ de cette prescription ? L'article 704 renvoie à l'article 707 ; il semble donc qu'il faille distinguer entre les servitudes continues et les servitudes discontinues ; que cette prescription devra courir tantôt du jour où l'on a cessé de jouir, tantôt du jour où il a été fait un acte contraire à la servitude. Le renvoi à l'article 707 deviendrait inutile si l'on devait suivre les principes généraux de l'article 706, qui règle principalement la matière.

Mais ne faut-il pas qu'il y ait exercice de la servitude ? pourrait-on faire quelque chose de contraire à ce qui n'existe pas ?

On doit par analogie s'en référer à l'art. 665 qui,

sans exiger aucun acte contraire, déclare que les servitudes attachées à la maison détruite ne pourront revivre si la maison n'est pas reconstruite avant que la prescription soit acquise, et il ne dépend que du propriétaire de laisser volontairement écouler ce délai. On n'exige un acte contraire que pour bien déterminer le jour où commence le non usage ; or, ne commence-t-il pas évidemment dès que, par un accident de force majeure, l'exercice en est empêché.

On peut trouver une utilité à l'art. 707, si le non usage a commencé avant l'événement de force majeure ; en ce cas il faudra suivre les règles ordinaires tracées pour l'extinction par le non usage, et il y aura lieu de distinguer entre les servitudes selon leur nature (1).

35. La prescription qui a couru contre les grevés de substitution peut-elle être opposée aux appelés ? quel en sera l'effet à leur égard ?

Dans le droit romain, cela ne souffrait aucune difficulté par la crainte du déshonneur de n'avoir point d'héritier ; on avait laissé toute latitude dans la faculté de tester, d'instituer des héritiers. Par le fidéicommis, on donnait ses biens à des personnes auxquelles la loi des Douze Tables n'aurait pas permis de recevoir, et ce qui n'avait d'abord été fait que par confiance devint bientôt obligatoire.

A cause de cette extrême faveur, les biens substi-

(1) Demolombe, *des Servitudes*, 977, 981. — Duranton, V, n° 654. — Demante, II, n° 563. — *Contra*, Marcadé, art. 707. — Ducaurroy, Bonnier et Roustain, II, n° 364.

tués ne pouvaient être aliénés. La loi en prohibait même la prescription, sorte d'aliénation lente, et lors de la restitution du fidéicommis, l'aliénation était non avenue, nonobstant toutes exceptions du demandeur.

36. L'ancien droit français en avait fait l'objet des plus vives controverses. Dumoulin admettait, contre les appelés, la prescription de trente ans, dont les lois romaines n'avaient pas fait mention expresse, sans oser étendre cette innovation à la prescription de dix à vingt ans. La jurisprudence y résistait en général; mais Ricard, Domat, Dunod, s'étaient prononcés en ce sens, plus soucieux de la protection due aux tiers que du maintien de la propriété entre les mains de ceux qui en entravaient la circulation.

37. Sous le Code civil, il n'y a pas plus d'uniformité dans cette matière. De savants auteurs soutiennent encore aujourd'hui que la prescription, alors même qu'elle serait achevée contre le grevé majeur, ne servirait de rien contre l'appelé et devrait être recommencée.

Cependant c'est à l'opinion contraire que je crois devoir adhérer. Aux termes de l'article 2226, disent-ils, on ne peut prescrire le domaine des choses qui ne sont point dans le commerce. Les biens substitués ne sont pas dans le commerce, donc ils ne sont pas aliénables.

Aucun article du Code ne déclare les biens substitués inaliénables ou imprescriptibles ; des précautions sont prises pour rendre la substitution publique ; mais on ne peut conclure de ce que le grevé ne peut vendre les biens substitués aux dépens de l'appelé, que la prescription ne coure pas contre les appelés en assimilant la prescription à une aliénation ; car les articles qui en défendent l'aliénation ne s'adressent qu'à l'héritier chargé de restitution, ils ne portent pas sur la nature de la chose. Certaines aliénations doivent être respectées par les appelés lorsqu'elles ont été faites avec le concours de la justice et du tuteur chargé de veiller à la substitution, donc il ne faut point confondre les choses qu'une loi spéciale déclare formellement inaliénables, comme le domaine public, avec celles qui ne peuvent être aliénées que sous certaines formes et certaines conditions. Les tiers ont reçu la chose *a non domino*, le cas de restitution échéant ; mais rien ne s'oppose à la prescription (art. 2265). Il peut y avoir présomption d'une cause légitime et antérieure d'acquisition. Si les biens des mineurs, les biens dotaux sont imprescriptibles, c'est qu'il y a des articles qui le veulent ainsi (2252-2255), et l'on ne trouve rien de tel pour les substitutions. La prohibition d'aliéner n'entraîne point l'inaliénabilité absolue de la chose ; si telle loi défend à telle personne d'aliéner, n'est-ce pas dire que la chose peut être aliénée par d'autres?

2° Aux termes de l'art. 2257, les droits conditionnels ne sont points sujets à prescription ; le droit des appelés est conditionnel, donc il n'est point prescriptible.

Le droit des appelés est, il est vrai, un droit conditionnel mais un droit conditionnel réel, et nous verrons plus loin que l'art. 2257, inspiré des anciennes coutumes françaises, n'avait trait qu'aux droits personnels, à la prescription libératoire. Le grevé ne pourrait invoquer la prescription à l'égard de l'appelé, car tant que le droit n'a pas été ouvert, on ne peut exiger du grevé l'accomplissement de l'obligation de restituer ; la prescription ne peut pas courir contre ce qui n'existe pas. On ne peut se prétendre libéré, parce que, pendant trente ans, l'exécution d'une obligation n'a pas été exigée, si pendant ces trente années on n'avait pas le droit de réclamer cette exécution : l'obstacle de droit est bien une cause de la suspension.

Mais il ne peut en être ainsi du droit conditionnel des appelés à l'égard des tiers. Ils ne sont liés par aucun contrat, et les tiers détenteurs ne prétendent pas à une prescription libératrice, mais à la prescription acquise d'une chose reçue *a non domino.*

3° Ceux qui sont appelés à la substitution n'ont pas d'action avant qu'elle soit ouverte. Donc, la prescription ne peut courir contre eux : *contra non valentem agere non currit præscriptio.*

Ils ne peuvent exercer leur droit tant qu'il n'est pas ouvert ; mais, comme pour tout droit conditionnel, les appelés ou leur tuteur, ou le tuteur à la substitution, peuvent faire les actes conservatoires autorisés par l'art. 1180 et interrompre la prescription.

Cela pouvait être vrai autrefois pour ceux des appelés qui n'étaient pas encore nés, et qui se trouvaient ainsi dans l'impossibilité de veiller à la conservation de leurs droits. Mais aujourd'hui les appelés sont représentés par un tuteur, qui a reçu mission spéciale à cet effet ; et Dunod même, sous l'ancienne substitution, repoussait à leur égard toute suspension de prescription (page 270).

Enfin, on ne peut rien conclure de la transcription de la substitution ; si elle est présumée faire connaître aux tiers que les biens ne sont pas irrévocablement dans le domaine du grevé, que les substitués y ont un droit conditionnel et n'en peuvent être dépouillés par aliénation *pendente conditione,* elle n'empêche pas la prescription trentenaire, qui n'a pas besoin de bonne foi, et même la prescription décennale ou vicennale, car la bonne foi est une question de fait sur laquelle la transcription ne peut rien préjuger.

38. — Les substitués restent donc sous l'empire de l'art. **2251** : comme il n'y a d'exception au cours de la prescription que celles déclarées par la loi elle-même, la prescription court contre eux puisqu'ils ne sont pas énumérés dans les exceptions. Rien, dans leur qualité, ne motiverait pareille faveur ; mais, s'ils sont mineurs, ils rentreront dans la règle générale, et le cas de restitution échéant, leur propriété ayant un effet rétroactif, ils pourront arguer de la suspension de la prescription pendant leur minorité (1).

39.— On ne saurait soutenir que la prescription de la dette commence du jour où elle doit être acquittée, tant que le créancier détient les choses qui lui ont été données en gage. La jouissance de l'antichrésiste sus-

(1) Marcadé, 1053, 1, 224.

pend la prescription de la créance, pour la sûreté de laquelle le fonds a été donné en antichrèse.

La Cour de Turin avait résisté à cette interprétation de l'art. 2087 ; elle prétendait que le créancier avait le droit d'exiger du débiteur qu'il reprît la chose engagée et qu'il payât, mais que ce droit était prescriptible selon les règles ordinaires; que si l'art. 2087 dit que le créancier peut toujours contraindre le débiteur à reprendre la jouissance de son immeuble, il veut dire uniquement que le créancier n'est pas obligé de se contenter de cette jouissance, qu'il peut toujours, c'est-à-dire à sa volonté, sans aucun terme, obliger le débiteur à la reprendre, mais en aucune façon que l'action du créancier est perpétuelle.

La Cour de cassation, attendu que d'après la nature même de l'antichrèse son existence et sa durée supposent toujours l'existence et la durée de la dette qui y a donné lieu ; qu'il est de l'essence du contrat synallagmatique que les obligations et les droits qui en naissent soient réciproques ; de telle sorte que si le créancier ne peut jamais prescrire la propriété contre le débiteur, celui-ci ne puisse à son tour obtenir, par cette même prescription, l'extinction de la dette ;

Attendu que l'antichrèse a constitué une reconnaissance formelle et successive de la dette, soit par le consentement donné à la possession du créancier, soit par le payement annuel des intérêts de ladite dette, représentée par la jouissance annuelle dudit fonds, a cassé le jugement qui méconnaissait ces principes (27 mai 1812), et la Cour de Riom a même décidé qu'il en devait être ainsi (31 mai 1828), si un autre créancier a interrompu la possession du premier en se faisant adjuger la préférence pour jouir aussi à titre d'antichrèse, jusqu'à ce qu'il soit rempli de sa créance, et que cet autre créancier ait joui de l'immeuble pendant trente ans au préjudice du premier possesseur. Si le droit a été momentanément en suspens, on ne peut dire qu'il en ait été dépouillé, le droit n'a pas moins continué d'exister jusqu'à l'entier acquittement de la créance (1).

40. Faut-il assimiler à l'antichrésiste l'usufruitier universel? La prescription est-elle suspendue contre l'usufruitier universel à l'égard des créances qu'il a contre la succession, tant que dure cet usufruit?

Cette question a reçu dans la jurisprudence, et parmi les auteurs, des solutions différentes.

41. L'usufruitier n'est point tenu personnellement des dettes de la succession. Le capital de ces dettes continue de peser sur le nu-propriétaire; les intérêts sont seuls à sa charge. Pour arriver à ce but, l'art. 612 donne trois moyens : 1° l'usufruitier fait l'avance du capital, et, à la fin de l'usufruit, il lui est remboursé, à lui ou à ses héritiers; 2° s'il ne veut point en supporter l'avance, le nu-propriétaire a choix entre le payement des dettes, et l'usufruitier lui payera les intérêts des déboursés, ou la vente des biens jusqu'à concurrence de la somme nécessaire, de telle sorte que l'usufruitier subira une diminution de jouissance égale dans les trois cas.

(1) Merlin, *Prescrip.*, 9, 18. — Vazeille, n° 140.

D'où il suit que si l'usufruitier est lui-même créancier, il aura une action contre les héritiers pour le payement de sa créance, et pourra transformer en pleine propriété ce qu'il n'avait qu'en jouissance.

A l'égard des créances non échues, dont les intérêts sont seuls exigibles, par suite de la confusion en sa personne des qualités de créancier et de débiteur, il ne pourra rien réclamer; les intérêts étant une charge de la jouissance, il s'établira une sorte de compensation.

Mais pour les dettes exigibles, il pourra en réclamer l'exécution : que s'il ne le fait point, croyant n'y avoir point d'intérêt, il doit craindre que la prescription ne vienne éteindre sa créance.

42. Dans l'ancien droit, la question était controversée, résolue même le plus souvent dans le sens de l'affirmative, mais je crois que cette doctrine ne saurait prévaloir sous le Code civil.

L'affirmative dit : La prescription ne pourra pas être opposée à l'usufruitier, quelque longtemps que dure son usufruit : car, en fait, il jouit de sa créance ; en droit, la prescription ne court pas contre une créance tant qu'elle produit des fruits.

En fait, il en jouit ; car il perçoit tous les revenus, parmi lesquels se trouvent ceux qu'il devrait se payer à lui-même. Il y a une sorte de compensation : ce qu'il doit payer comme usufruitier, il le retient à titre de créancier. Ses héritiers, en réclamant le capital de la créance, ne pourront exiger les intérêts, desquels il s'est désintéressé lui-même.

En droit, la prescription ne court pas contre un

créancier qui jouit de son titre : c'est là une cause de suspension qui découle de l'essence de la prescription, et qui n'avait pas besoin d'être formulée.

Ne l'a-t-on pas admis à l'égard de l'antichrésiste? La jouissance de l'antichrésiste lui conserve sa créance intacte jusqu'à ce qu'il en soit intégralement remboursé.

L'art. 2258 déclare formellement, à l'égard de l'héritier bénéficiaire, que la prescription ne court pas contre lui relativement aux créances qu'il peut avoir dans la succession. Comme à l'usufruitier, ce ne sont pas les moyens de poursuite qui lui manquent, mais il se paye à lui-même des intérêts, il conserve sa créance par la jouissance.

43. Pour la négative, on dit et avec raison, ce me semble : Il est inexcusable de ne point agir, puisque son action ne doit lui causer aucun préjudice, car il recevrait en intérêts de son capital ce qu'il perdrait quant aux revenus comme usufruitier.

S'il entend se comporter comme usufruitier, il ne peut se prétendre créancier ; il ne peut, dans l'intérêt public, y avoir d'incertitude dans ces deux titres, qui ne lui confèrent pas les mêmes droits. L'élection qu'il fait du premier emporte renonciation du second, et l'on ne saurait prétendre qu'il y eût compensation ou confusion, puisque tout ce qu'il reçoit, il a voulu le recevoir à titre d'usufruitier. *Qui electionem habet, ex quo elegit, non variabit.* On ne peut supposer la réunion sur la même personne de deux qualités, puisqu'elle a opté entre les deux, qu'elle s'est interdit toute jouissance à titre de créancière, et que, percevant la totalité des revenus à titre d'usufruitière, son droit aux intérêts comme créancière s'est trouvé par cela même être épuisé.

On ne saurait l'assimiler à un créancier antichrésiste. Celui-ci ne perçoit les fruits qu'à titre de créancier ; en vertu d'un contrat synallagmatique, pour la conservation même de la créance ; si l'antichrèse conserve le titre, c'est que l'antichrèse est la jouissance même de la créance. L'usufruitier, au contraire, perçoit les fruits à titre de propriétaire : c'est de son propre gré qu'il prendrait la qualité de créancier ; aussi y a-t-il là nécessité d'une option entre l'une et l'autre action ; ne faut-il pas que les héritiers soient avertis de la position qu'il entend conserver vis-à-vis d'eux ?

On ne saurait voir plus d'analogie avec l'héritier bénéficiaire. Il est administrateur des biens ; c'est un mandataire chargé de payer les dettes ; s'il paye les autres, il peut bien être présumé se payer de ses propres mains. Puisqu'en acceptant bénéficiairement il a déclaré vouloir éviter la confusion, n'est-il pas à croire qu'il n'a point voulu faire l'abandon de sa créance ?

Enfin, si la prescription ne court que de la cessation de l'usufruit, pour le remboursement du capital, lorsque l'usufruitier a fait les avances pour le payement des dettes, n'est-ce pas que cette créance n'est point encore exigible, que la prescription ne peut courir avant l'échéance de la dette ? Y a-t-il aucune analogie avec notre hypothèse ?

44. En résumé, aux termes de l'art. 2251, la prescription court contre toutes personnes, à moins d'exception spéciale. Il n'y a point de texte en faveur de l'usufruitier; donc la prescription n'est point suspendue à son égard. Sa position ne mérite point de faveur particulière; il n'est pas dans l'impossibilité d'agir, et ne peut tirer aucune induction de la position de l'antichrésiste ou de l'héritier bénéficiaire (1).

45. Nous avons terminé l'étude des principales hypothèses où la règle *contra non valentem* pouvait avoir eu ou avoir quelque influence. De l'ancien droit, où elle avait donné naissance à de nombreux abus, nous avons passé au Code qui, plus jaloux de l'intérêt public, l'a restreinte à de minimes applications. Elle reste toujours la base de la suspension de la prescription; mais c'est à la loi de déclarer en quelles circonstances elle présente un caractère de gravité suffisant pour être prise en considération. Elle n'a plus de force comme principe, elle n'est plus que l'explication des exceptions consacrées par la loi.

46. Nous avons déjà vu quelques lois spéciales qui avaient introduit des causes de suspension transitoires. Avant d'aborder les exceptions établies d'une manière permanente par le Code, nous devons dire un mot de deux lois transitoires du 1er juillet 1791 et du 20 août 1792.

L'État venait de confisquer des biens nombreux. Il

(1) M. Troplong. Cass., 17 août 1819. — Rej., 18 janvier 1843 (Dev. 43, 1, 313).—*Contra*. Proudhon, t. II, n° 759. Vazeille, 977. 80 mars 1818, Grenoble, 27 mars 1835. Toulouse. (Dev. 35. 2, 472.)

avait besoin de temps pour prendre ses renseignements, veiller aux mesures conservatoires ; aussi la première Assemblée nationale décréta que du 1er novembre 1789 au 2 novembre 1794, la prescription contre la nation, pour raison de droits corporels ou incorporels, resterait suspendue sans qu'elle pût être alléguée pour aucune partie du temps qui se serait écoulé pendant lesdites cinq années.

Plus tard l'anarchie, le désordre obligeant chacun à veiller plutôt à sa propre conservation qu'à celle de ses biens, on décréta par la seconde loi une suspension analogue au profit des particuliers.

47. — Il est inutile d'entrer dans l'explication des difficultés que soulevèrent ces lois, qui ne peuvent plus recevoir aujourd'hui aucune application.

48. — Les exceptions qui nous restent à étudier peuvent être rangées en trois séries distinctes :

1° Les premières sont fondées sur l'impossibilité légale d'agir, résultant de la qualité de la personne ;

2° D'autres sur la protection accordée à certaines personnes contre la négligence de ceux qui sont chargés de veiller à leurs intérêts ; sur les relations existant entre les personnes ;

3° Sur le défaut d'intérêt, la modalité de la créance elle-même.

CHAPITRE Ier.

Suspension résultant de la qualité de la personne.

Section première. — De la Suspension pour cause de minorité.

49. — Les mineurs sont dans l'impossibilité de se protéger eux-mêmes : leur incapacité personnelle s'y oppose. Ils sont, il est vrai, représentés par un tuteur chargé de veiller à leurs intérêts, d'en assurer la conservation ; et lorsqu'ils agissent avec son assistance et sous les formes déterminées par la loi, ils sont assimilés le plus souvent aux majeurs. Mais pouvait-on les rendre responsables d'une négligence contre laquelle ils ne pouvaient se prémunir ? Si les actes faits par le tuteur sont valables à l'égal de ceux des majeurs, c'est alors que les tuteurs se sont conformés à la loi ; mais pourrait-on raisonner de même alors qu'ils ont failli à leur mandat ? Pour éviter une restitution souvent tardive, souvent inutile par l'insolvabilité du tuteur, dangereuse, parce qu'elle est la source de contestations, convaincu qu'il vaut mieux encore prévoir le mal qu'en atténuer les effets, le législateur a adopté la suspension de la prescription à l'égard des mineurs.

50. — Le droit romain, à qui ces considérations n'avaient point été étrangères, nous offre en cette matière des précédents qu'il est bon de consulter, bien qu'ils soient un peu confus.

51. — Le temps de la vie que nous désignons d'un seul mot, minorité, formait à cette époque deux périodes distinctes, la pupillarité et la minorité proprement dite.

Dans la première, c'était un tuteur qui assistait l'incapable, et, en s'adjoignant à lui, complétait la capacité nécessaire pour qu'il pût s'obliger; dans la seconde, ce n'était plus qu'un curateur surveillant une administration dans laquelle le principal rôle était réservé au mineur. Il faudra donc, pour connaître la législation romaine sur la minorité, nous enquérir si la prescription était suspendue pendant la pupillarité, si elle l'était encore pendant la minorité, et comme la prescription peut affecter différentes formes, nous devrons en outre séparer dans chacune de ces deux époques la prescription du droit civil, de trois ans pour les meubles, dix, vingt et trente ans pour les immeubles et les actions personnelles; la prescription statutaire, c'est-à-dire résultant de statuts locaux, ou de moins de dix ans, et la prescription conventionnelle.

52. — La prescription était-elle suspendue pendant la pupillarité ?

L'usucapion ne courait point contre les pupilles; quant aux immeubles, cela paraîtrait vraisemblable; car ces immeubles ne pouvaient être aliénés qu'avec de certaines formes solennelles, et l'on pourrait l'induire de la loi 48 *de Adquirendo rerum dominio*. Cependant on en conteste la véracité.

D'autres textes démentent ce principe; on y a vu une interpolation : au lieu de ces mots *velut si pupilli aut vi possessa*, quelques-uns lisent en corrigeant *velut si populi aut vi possessa*, leçon conforme au texte des Basiliques.

Cujas a cherché à concilier les textes entre eux, et, observant que partout où l'usucapion n'est point empêchée, il n'est question que de meubles, d'objets mobiliers, tandis que dans la loi 48 il est question d'immeubles, il en a conclu que l'usucapion courait contre les pupilles à l'égard des meubles, mais était suspendue pour les immeubles.

Quant à la prescription de 10, 20 ou 30 ans, la loi 3 au Code *de Præscriptione 30 vel 40 annorum* ne laissait aucun doute : « *Non sexus fragilitate, non absentia, non militia contra hanc legem defendenda, sed pupillari ætate duntaxat quamvis sub tutoris defensione constet.* » Malgré la protection du tuteur, la suspension dormait, et peu importait qu'elle eût commencé avant ou après la pupillarité.

53. — La prescription judiciaire, celle qui court à l'occasion des procès sur la péremption, les délais de procédure couraient contre les mineurs et les pupilles, sauf leur recours contre les tuteurs, sauf restitution quand ce recours était inefficace.

54. — Enfin, dans la prescription conventionnelle, il n'y a point de différence entre le majeur et le pupille : elle court contre le pupille sans aucune restitution.

La prescription conventionnelle est celle qui consiste dans l'écoulement du temps déterminé par une convention. Je vous ai vendu une chose, à la condition que j'aurais le droit de la reprendre en vous en remboursant le prix pendant tel temps entre nous déterminé. Je meurs pendant que la prescription courait contre moi, elle ne sera point suspendue à l'égard de mon héritier mineur.

Les partisans de l'opinion contraire se sont autorisés, pour rejeter la prescription, de la faveur du mineur, si grande qu'elle lui fait obtenir la restitution contre ce qu'il a perdu par une simple omission. Ils citent encore une loi *Æmilius*, f. 38, *de Minoribus*, au Digeste ; mais cette décision de l'empereur est spéciale à ce cas qui méritait faveur : Paul ne l'admettait point en principe, et c'est à l'opinion de Paul que s'est rangé Justinien. Le privilége de la minorité ne peut s'étendre aux actes faits entre majeurs ; et l'âge peut-il rien changer aux conditions d'un contrat arrêté et débattu avec son auteur ? Peut-il être au pouvoir du mineur de les modifier, et ne serait-il pas étrange que les tiers, en stipulant un temps fixe, soient exposés contre leur volonté, contre l'intention déterminante du contrat à le voir changer par des pupillarités successives en dehors de toutes prévisions?

Le privilége du successeur, dit Dunod, ne peut altérer les pactes du contrat, qui en font partie, en sont l'accessoire, et ces raisons particulières prouvent que l'on ne peut pas tirer avantage de la restitution que la loi accorde dans le cas de la prescription légale.

55. — La prescription est-elle suspendue pendant la minorité?

56. — L'usucapion avait lieu contre les mineurs, sans aucune suspension. Pothier résiste à cet avis; mais Justinien accordant la restitution au mineur dont les biens ont été usucapés, n'est-ce pas un aveu que la prescription courait à leur égard ?

57. — Tout ce que nous avons dit du pupille pour la prescription statutaire et la prescription conventionnelle s'applique au mineur. Les raisons de décider sont les mêmes ; il n'y a lieu à restitution contre la prescription conventionnelle qui a couru en minorité, que pour les causes qui auraient pu faire restituer un majeur.

58. — Quant aux prescriptions légales, soit perpétuelles, c'est-à-dire de trente ans et au-dessus, soit temporaires, c'est-à-dire au-dessous de trente ans, l'analyse en est pleine d'incertitude.

59. — Dioclétien et Maximien avaient déclaré dans la loi 3, *Quibus non objicitur præscriptio*, que la prescription de dix à vingt ans était suspendue pendant la minorité. Justinien, dans la loi dernière au Code : *In quibus causis*, proclame le même principe, comme s'il n'eût pas été déjà en vigueur : *Melius est eorum jura intacta servare, quam post vulneratam causam remedium quærere*. La prescription, dit-il, ne court plus contre les mineurs dans tous les cas où ils pouvaient être restitués ; ils n'ont plus besoin de recourir au préteur, puisqu'ils ont de plein droit les mêmes avantages. Cette constitution ne porte point préjudice aux avantages qui leur avaient été déjà assurés, et ils sont à couvert aussi bien dans les cas où il

y avait lieu autrefois à restitution, que dans ceux où la prescription était suspendue avant Justinien.

Il serait difficile de déterminer ces cas, dit Dunod ; ils sont en trop grand nombre. L'on peut seulement dire, en général, que ce sont ceux dans lesquels la prescription aurait inféré quelque peine au mineur, ou blessé son honneur : *Cum ex præscriptione inducitur pœna aut infamia contra minorem.*

D'un autre côté, la Constitution de Justinien ne vient point en aide à ceux qui n'avaient pas déjà le secours de la restitution, et, à l'égard de ceux qui ne pouvaient se faire relever de la prescription, l'ancien droit subsiste toujours et la prescription continue de courir comme s'ils étaient majeurs. C'est lorsque le mineur exerce une action odieuse, qui tend moins à son avantage qu'au détriment d'autrui, ou qui ne peut l'enrichir qu'en dépouillant quelqu'un : *Dum persequitur injuriam, pœnam aut quippiam simile odiosum.* Ainsi l'ont jugé les parlements de Paris, de Toulouse, de Grenoble et de Dijon.

60. — On aurait cru que la prescription de trente ans, organisée dans un but d'équité, aurait été suspendue à l'égard des mineurs, et cela avec d'autant plus de raison qu'elle l'était à l'égard des pupilles ; mais la loi dernière au Code : *In quibus causis*, et la loi 3 au Code : *de Præscriptione 30 vel 40 annorum*, décident expressément que cette prescription court contre les mineurs.

61. — Peuvent-ils s'en faire relever ?

62. — Les uns disent qu'il y a lieu à restitution

lorsque c'est contre le mineur que la prescription a commencé : c'est le commencement de la possession qui est la base de la prescription.

D'autres veulent que la restitution ne soit permise que si la prescription a fini avec le mineur : ce serait la fin de la prescription qui constituerait la lésion.

D'autres encore soutiennent qu'il n'y a lieu, en aucun cas, à restitution.

Duperrier, tentant une conciliation, ne voulait de restitution que si le mineur n'avait pas été pourvu d'un curateur, mais adoptait en principe la non restitution.

En effet, si l'on étudie la loi 3 : *de Præscriptione*, on reste convaincu que le pupille seul était soustrait aux conséquences de la prescription, et à raison de sa pupillarité ; et qu'après sa puberté, la prescription courait contre lui comme elle aurait couru contre un majeur non privilégié : *Nam cum ad eos annos pervenerit, qui ad sollicitudinem pertinent curatoris necessario eis similiter ut aliis annorum triginta intervalla servanda sunt.*

De la loi dernière au Code : *In quibus causis*, ne doit-on pas conclure encore que la minorité n'a pas paru à elle seule motiver une suspension de prescription, et même une restitution, puisque Justinien n'abroge point les cas où la restitution n'était point accordée dans l'ancien droit, et se contente, par abréviation de procédure, de créer une suspension là où des causes exceptionnelles, jointes à l'état favorable de minorité, avaient mérité restitution ?

63. — Dans notre ancien droit, cette question n'a pas soulevé de moindres controverses.

D'Argentrée, avec cette force et ce bon sens qui lui sont naturels, dit Dunod, se rangeait à l'opinion de la non restitution, désirant veiller plutôt à la sécurité des tiers, que semer la propriété de piéges en protégeant la minorité.

64. — Quant à la jurisprudence, il nous faut distinguer entre les pays de droit écrit et les pays coutumiers.

Les parlements de Toulouse, de Grenoble, admettaient que la prescription de trente ans courait contre le mineur, mais aussi qu'il pouvait s'en faire relever.

Le parlement de Besançon, d'abord contraire à cette doctrine, s'y était rangé insensiblement, dit Dunod.

Le parlement de Bordeaux voulait que la prescription dormît en minorité, bien qu'elle eût commencé sur la tête du majeur, avec cette différence néanmoins qu'après que le mineur a atteint sa majorité, on déduit des trente ans qui lui sont donnés le temps qui a couru sur la tête du majeur.

C'était la jurisprudence du parlement de Paris.

Ceux de Dijon et d'Aix avaient souvent varié, mais paraissaient s'en tenir, l'un à la prescription sans restitution, et l'autre à cette même idée, bien que le mineur n'eût pas de curateur.

65. — Les pays coutumiers ne présentaient pas plus d'accord.

La coutume du Berry, adoptant la jurisprudence du

parlement de Toulouse, déclare que la prescription court contre le mineur, mais avec bénéfice de restitution en entier, restreint à un an et un jour, selon la coutume de Cassel; étendu à dix ans et un jour, selon celle de Gorze.

La coutume de Lorraine, plus rigoureuse, adoptait les errements du parlement d'Aix : elle n'admettait ni suspension ni restitution.

La coutume de Bretagne tente d'introduire une distinction entre le mineur pourvu ou non pourvu d'un tuteur, et se prononce alors pour la restitution : c'est une imitation de la doctrine de Duperrier repoussée par le parlement d'Aix.

La coutume du Lodunois porte que la prescription de 30 ans ne court pas contre les mineurs, lorsqu'elle a commencé avant la minorité; mais elle ajoute que si la prescription a commencé contre un majeur, elle se continue efficacement contre son héritier mineur. (Disposition extraordinaire, dit Cottereau, qu'il faut restreindre au cas où les mineurs sont pourvus de tuteur. Sentiment de Pothier confirmé par un arrêt du 1er septembre 1760.)

La coutume de Hainaut, de toutes la plus singulière, permet de prescrire contre les mineurs à la condition que les six premières années aient couru contre une personne capable d'aliéner : ce qui interdit tout commencement de prescription contre un mineur.

La plupart des autres coutumes, celles de Bourbonnais, de Paris, d'Amiens, de Boulonnais, de la Marche.

décident que nulle possession ne peut être utile contre le mineur.

66. — Il doit en être ainsi à l'égard de celles qui sont muettes, car dans le droit romain on distinguait la pupillarité et la minorité. La prescription de 30 ans ne courait point contre le pupille, et si le mineur n'était point aussi fortement protégé, c'est qu'il avait la libre administration de ses biens, qu'il avait à peine besoin des lumières d'un curateur, dont il ne requérait assistance qu'à son choix. Chez nous, ces deux phases d'incapacité ont fait place à un même état de protection, qui se prolonge avec les mêmes garanties jusqu'à la majorité complète; n'est-il pas naturel, si les règles de notre minorité sont les mêmes que celles de la pupillarité romaine, qu'on lui applique par analogie ce que les lois romaines décidaient pour la prescription pendant la pupillarité? Voët, Grotius, Raviot, cités par Merlin prêtaient à cette doctrine l'appui de leur science et de leur autorité.

67. — Le Code civil à mis fin à ces controverses.

L'art. 2252 dit expressément que la prescription ne court point contre les mineurs; il ne fait aucune distinction, et nous devons assimiler: 1° le mineur en tutelle et le mineur émancipé.

Le mineur émancipé ne peut aliéner ses immeubles, donner décharge d'un capital mobilier sans une autorisation du conseil de famille homologuée par le tribunal, ou l'assistance du curateur. Pourra-t-il faire indirectement ce qu'il ne peut faire directement?

Les tiers peuvent-ils s'emparer de ses immeubles, acquérir la libération de leurs créances ? Le mineur n'a que l'administration de ses biens, et ceci rentre dans les actes de disposition.

2° Le mineur marié ou non marié;

3° Le mineur qui est sous l'administration légale de son père, et celui qui est pourvu d'un tuteur.

Les Romains faisaient distinction entre les biens du pécule castrans ou du pécule adventice. Au premier cas, la prescription courait contre le fils de famille, car il était, quant à ce pécule, libre et indépendant de son père.

Quant au second, l'on distinguait si le père avait l'usufruit et la pleine administration, ou n'avait ni l'un ni l'autre.

Dans la première hypothèse, *dormit præscriptio*, le fils ne peut être victime de la négligence du père qui a en mains toutes les actions. La loi lui a choisi un défenseur contre lequel il ne peut avoir de recours, car il suffit pour qu'il ne puisse agir qu'il soit retenu par la crainte révérentielle qui doit être au cœur de tous les fils. Sa volonté est paralysée, et il ignore le plus souvent ses droits.

Dans la seconde, il est libre, il peut agir, il a en mains ses affaires et ses titres. Toutefois il fallait le restreindre au cas où l'action était dirigée non contre le père, mais contre des tiers.

Il n'y a plus à distinguer aujourd'hui que la puissance paternelle cesse avec la minorité, et la prescription sera suspendue à l'égard de tout mineur.

68. — La prescription est suspendue contre les interdits comme elle l'est contre les mineurs.

Dans le droit romain, aucune loi ne les exemptait de l'usucapion ou de la prescription. Julien (l. 7, § 3, *de Curatore furiosi*, au Digeste) décida que l'héritage acquis du curateur d'un furieux pouvait être usucapé.

Mais le droit français fut loin d'adopter cette jurisprudence. Plusieurs arrêts, notamment de Toulouse et de Paris, décident que la prescription sommeille pendant l'interdiction. La durée de cet état est illimitée : elle peut causer quelque dommage aux intérêts publics; mais ne sont-ils pas dignes des mêmes priviléges que les mineurs?

69. — Cette exception doit être restreinte aux termes mêmes de l'art. 2252. Il ne suffirait pas que la personne fût pourvue d'un conseil judiciaire. Il faut encore que l'interdiction soit prouvée, que des poursuites d'interdiction aient été commencées avant la mort de l'insensé (cass., 12 mai 1834) : il ne suffirait pas que l'individu fût susceptible d'être interdit. La loi a prescrit des précautions multipliées pour que les interdictions soient rendues publiques, et que les tiers ne soient pas induits en erreur; c'est là une compensation nécessaire à la faveur de l'art. 2252, qui tend à prolonger indéfiniment l'incertitude de la propriété.

70. — Doit-il en être ainsi pour les prescriptions antérieures, lorsque l'état de démence a été vérifié et constaté par un jugement? Ne pourrait-on pas, en vertu de l'art. 503 et de l'art. 504, annuler la pres-

cription contre celui dont la cause d'interdiction existait notoirement à l'époque où elle a été accomplie, dont la démence expliquerait l'inaction ?

Dans l'ancien droit, qui n'était pas favorable à la suspension de la prescription, Pothier admettait que la prescription fût empêchée contre l'insensé qui n'avait point de curateur. Si notre Code la suspend à l'égard de celui qui est représenté par un tuteur, ne doit-il pas en être de même *a fortiori* de celui que la démence empêche d'agir ?

Cet argument ne me séduirait guère, car la démence est un obstacle de fait, et nous avons vu qu'en notre droit un obstacle de ce genre ne produit aucun effet.

Cependant, je ne serais pas éloigné d'admettre, par d'autres raisons, l'affirmative. N'y a-t-il pas lieu d'appliquer ici le principe salutaire de la rétroactivité ? Je ne verrais aucun danger à ce que l'on tînt compte de sa malheureuse position : sa démence étant notoire, dit l'art. 503, les tiers ne sont-ils pas coupables d'avoir traité avec lui dans un moment où il était si facile d'abuser de sa faiblesse ? Sans violenter l'art. 503, ne peut-on pas en étendre le sens aux aliénations faites par prescription ? Ce mot acte signifie tout fait dommageable, né d'une imbécillité contre laquelle l'interdiction apporte remède dans le passé comme dans l'avenir (1).

70 bis. — La prescription est-elle suspendue par la

(1) La Cour d'Aix a consacré cette doctrine, 17 fév. 1832 (Dev. 32, 2, 266), mais l'opinion contraire peut citer deux arrêts, l'un de Douai, 17 janvier 1845 ; l'autre d'Angers, du 6 fév. 1847.

minorité pendant le délai de trente ans qui court pour les ascendants et les collatéraux depuis le jour de l'envoi en possession provisoire, et pour les descendants, par faveur, du jour de l'envoi en possession définitif à l'égard de l'hérédité dévolue aux héritiers présomptifs au moment de la disposition ou des dernières nouvelles ?

Quelques auteurs soutiennent la négative (1). Ils ne voient là qu'un délai préfixe, et, s'appuyant des termes de l'article 2264, ils veulent que l'on s'en tienne à l'art. 133, qu'on l'explique par lui-même, indépendamment des règles générales du titre de la prescription. L'incertitude qui résulterait pour la propriété du système contraire leur semble un motif péremptoire.

Mais nous avons déjà ramené l'art. 2264 à une saine interprétation ; il est impossible d'isoler les règles générales de la prescription. Que des articles spéciaux y apportent des dérogations, c'est ce que nous voyons par l'art. 133, où la prescription, au lieu de courir du moment où l'hérédité était possédée par des tiers, ne part que de l'envoi en possession définitive. Mais dire qu'un acte n'est plus recevable après trente ans n'est-ce pas organiser une véritable prescription ? Le délai de trente ans n'est-il pas celui le plus ordinaire de la prescription ? L'incertitude prolongée de la propriété n'est ici qu'une conséquence de l'art. 2252 ; elle n'y est pas plus funeste qu'en tout autre cas : elle rentre même mieux dans l'esprit de la loi ; car l'article 133,

(1) Delv., I, p. 50. Duranton, I, n° 513. Proudhon, I, p. 335.

est dans l'intérêt du descendant, et l'on devrait s'étonner qu'après une telle faveur la loi ait voulu le soustraire à la protection générale due à la minorité.

Au surplus, les tiers seront bien peu lésés (1), car en vertu des articles 127 et 132, les envoyés en possession définitive garderont tous les fruits, et les descendants n'auront le droit de reprendre les biens que dans l'état où ils se trouveront. Il n'y a donc pas lieu de s'inquiéter.

71. — Nous venons de voir quelles qualités sont nécessaires pour invoquer le bénéfice de l'art. 2252 : ce bénéfice ne s'étend pas à toutes les prescriptions.

La minorité ou l'interdiction ne suspend point les délais conventionnels. Nous suivons en cela les lois romaines, et les raisons que nous avons données militent encore dans notre droit pour cette décision. Ce délai est préfixe, ce n'est point une véritable prescription ; or, la prescription seule est susceptible de suspension. Quant à une restitution, elle serait impossible en présence des termes limitatifs de l'art. 1313. Le délai conventionnel est une condition du contrat, et le mineur héritier succède aux obligations du défunt. Il serait inique que le tiers vît modifier une clause qui l'avait peut-être déterminé à traiter.

72. — La suspension n'a lieu que pour les grandes prescriptions : celles de dix ans et au-dessus. Quant aux petites prescriptions, aux prescriptions abrégées dont il est question de 2271 à 2278, elles courent

(2) Demolombe. Valette sur Proudon, I, p. 335.

contre les mineurs et les interdits, sauf leur recours contre leurs tuteurs (art. 2278).

C'est l'opinion de Pothier adoptée par le Code.

N'est-il pas juste qu'ils satisfassent aux obligations du métier ou de la profession qu'ils sont capables d'exercer? L'intérêt public n'est-il pas éminemment engagé à mettre un terme à ces petites contestations que leur fréquence et leur importance minime rendraient aussi ruineuses que difficiles à juger?

73. — Cette exception à la suspension est étendue aux prescriptions abrégées toutes les fois que le législateur s'est formellement prononcé; car la suspension est la règle pour les mineurs et les interdits.

Aux termes de l'art. 1663, le délai de réméré court contre toutes personnes, même contre le mineur, sauf, s'il y lieu, le recours contre qui de droit.

Aux termes de l'art. 1676, les deux ans fixés pour l'action en rescision de la vente à raison d'une lésion de plus de sept douzièmes, courent contre les mineurs et les interdits.

Aux termes de l'art. 2195, si dans les deux mois qui suivent l'exposition du contrat, il n'a pas été fait d'inscription, du chef des mineurs et interdits, sur les immeubles vendus, ils passent à l'acquéreur sans aucune charge, à raison de la gestion du tuteur, sauf recours, s'il y a lieu.

73 bis. — Il en est de même pour les délais de procédure. On conçoit que l'état du mineur ne puisse en arrêter le cours, non plus que celui d'interdit ou de

femme mariée. Ce ne sont pas à proprement parler des prescriptions.

Aux termes de l'art. 398 du Code de procédure, la péremption court contre l'État, les établissements publics, et toutes personnes, même mineures, sauf recours contre leurs administrateurs.

La péremption est l'anéantissement de l'instance par la discontinuation des poursuites pendant le temps réglé par la loi. C'est une sorte de prescription de l'instance; mais elle laisse subsister le droit qu'elle mettait en action, et l'on peut, malgré la péremption, recommencer une nouvelle procédure pour le faire valoir, si le droit lui-même n'est pas prescrit. Elle repose sur la présomption de l'abandon du droit longtemps négligé, et sur la nécessité de mettre un terme aux procès.

Elle court contre toutes personnes; contre l'État; il n'en était pas ainsi avant que les biens de l'État fussent déclarés aliénables; contre les militaires en activité de service, car la loi du 6 brumaire an v ne reçoit plus d'application depuis la paix de 1814, et il faudrait une loi nouvelle pour les protéger; contre la femme qui se marie dans le cours de l'instance; contre les établissements publics, les communes même lorsqu'elles n'ont pas été autorisées à plaider; mais devrait-elle courir contre un mineur non pourvu d'un tuteur, soit que le tuteur fût décédé, ou n'eût pas encore été nommé? Dans l'ancien droit, la péremption était en ce cas suspendue, et cette décision avait même été étendue au cas où le tuteur était insolvable. Aujourd'hui l'insolvabilité du tuteur ne peut faire question, car le Code ne distingue pas, mais peut-être pourrait-on dire qu'il fait dépendre la péremption de l'existence d'un tuteur, puisqu'il ne la fait courir que sous la condition d'un recours contre le tuteur. Au surplus cette question n'a d'intérêt que pour les petites prescriptions de l'art. 2278; car pour les autres droits, ils restent, malgré la péremption, imprescriptibles pendant la minorité.

La péremption de l'instance est suspendue, lorsqu'il y a des incidents qui doivent être jugés au fond avant que la cause continue, par exemple lorsqu'une action en restitution est déclarée subordonnée à la production dans un certain délai des pièces ou actes de partage : mais il faut que ces incidents suspendent nécessairement la poursuite principale ; car, dans le cas inverse, ils ne seraient qu'un accessoire de la cause principale, ne constitueraient point des instances spéciales, et loin que la péremption de la première instance fût suspendue jusqu'à la péremption de l'instance de l'incident, ils seraient périmés avec elle.

73 ter. — Aux termes de l'art. 444 du Code de procédure, les délais d'appel emporteront déchéance, ils courront contre toutes personnes, sauf le recours contre qui de droit ; mais ils ne courraient contre le mineur non émancipé que du jour où le jugement aura été signifié tant au tuteur qu'au subrogé-tuteur, encore que ce dernier n'ait pas été en cause.

L'appel est le recours à un juge supérieur contre le jugement émané d'une juridiction inférieure. Le droit d'appeler a dû être renfermé dans un certain délai de trois mois en général. Bien qu'il semble un peu long pour une décision sur laquelle on semble devoir être éclairé et qu'il prolonge l'incertitude des procès, cependant il ne fallait pas qu'il pût prêter à des surprises ou à des oublis irréparables.

Autrefois le délai d'appel était plus long à l'égard des corporations et personnes morales, et il ne courait contre le mineur que du jour de la majorité.

L'art. 509 assimilant le mineur et l'interdit, il en faut conclure que le délai d'appel ne court contre lui que si le jugement a été signifié au tuteur et au subrogé-tuteur, cette nécessité d'une notification au tuteur indique suffisamment que s'il n'y avait point de tuteur le délai ne pourrait courir, et que ce serait aux intéressés à pourvoir à sa nomination.

Le délai d'appel peut être prorogé s'il y a eu empêchement de force majeure qui mette obstacle à la notification : nous croyons devoir déroger ici à l'article 2251 ; car le délai d'appel n'est pas une véritable prescription civile. L'application de l'obstacle rentre dans les pouvoirs du juge ; mais l'on devra toujours tenir compte du temps qui a couru avant l'événement.

Art. 447. Les délais de l'appel seront suspendus par la mort de la partie condamnée.

Ils ne reprendront leur cours qu'après la signification du jugement faite au domicile du défunt.

Art. 448. Dans le cas où le jugement aurait été rendu sur une pièce fausse, ou si la partie avait été condamnée faute de représenter une pièce décisive qui était retenue par son adversaire, les délais d'appel ne courront que du jour où le faux aura été reconnu ou juridiquement constaté, ou que la pièce aura été recouvrée, pourvu que dans ce dernier cas il y ait preuve par écrit du jour où la pièce a été recouvrée et non autrement.

Lorsqu'il y a appel d'un jugement, l'appel étant le plus souvent suspensif, il y a impossibilité d'exécuter le jugement ; tant que l'appel est pendant, la prescription ne peut courir. Quelque long temps que dure l'instance d'appel, l'intimé possesseur de l'immeuble revendiqué ne peut se prévaloir de cette possession pour la prescription, car la prescription suspendue ne commencera de courir que du moment où l'extinction de l'appel permettra de poursuivre l'exécution du jugement ; mais si l'instance de l'appel est périmée, le bénéfice de la suspension de la prescription ne lui sera pas non plus enlevé. Trente ans se seraient-ils écoulés depuis le premier jugement, on ne peut faire qu'il n'ait toujours été légalement empêché d'agir, et la péremption de l'instance ne peut porter préjudice qu'à l'appelant, puisque lui seul est en faute par son inaction.

73 quater. Il n'y a pas non plus de suspension pour les prescriptions commerciales et pour les créances des particuliers contre l'État.

Bien que le Code de commerce ne constitue pas une exception aux principes du droit civil, que l'art. 2252 soit général, cependant il faut admettre les dérogations qui en découlent expressément.

Pour quel motif le Code a-t-il admis les exceptions

de l'art. 2278? Parce que celui qui faisait un métier était présumé en avoir l'intelligence et pouvait en subir les conséquences naturelles. Les raisons de décider ne seraient-elle pas les mêmes dans le droit commercial où la bonne foi, la sécurité, sont les éléments indispensables ?

Pourquoi une lettre de change, un billet à ordre ne se prescriraient-ils pas toujours et contre toutes personnes par cinq ans, lorsque le prix de ferme ou de loyer se prescrit de la même manière, par le même temps ?

Cette prescription n'est-elle pas comme toutes celles de 2278, une prescription statutaire ? Or, nous avons vu que toutes ces prescriptions qui ne dérivent pas du droit romain, mais des ordonnances et des coutumes courent contre les mineurs, parce que ces délais sont en quelque sorte un élément de la disposition et en forment la base. En effet, il est dans l'intérêt général qu'elles lient tout le monde, et c'est le cas d'appliquer l'adage : *Quæ pereunt tempore, hæc pereunt minori.* Le Code refuse toutes actions après l'expiration des délais qu'il détermine, et cela doit s'appliquer dans le cas d'une lettre de change comme pour l'action contre les associés non liquidateurs (art. 64).

74. — On dit quelquefois que le mineur relève le majeur ; mais c'est une règle qu'il faut restreindre à ses justes limites.

A l'égard des choses qui sont non-seulement indivises, mais indivisibles, comme les servitudes, l'affirmative ne souffre aucune difficulté. Un arrêt du parlement de Paris l'a jugé ainsi, le 3 août 1711, appuyé d'un arrêt dans le même sens, au même parlement, le 6 septembre 1787; et la cour de cassation décide sagement que le mineur relève le majeur de la prescription à laquelle est soumis un droit qui leur est commun dans les matières indivisibles (1). Le droit indivisible est celui qui ne peut se conserver ou s'éteindre pour partie. Toutes les fois qu'il sera conservé pour partie, il le sera pour le tout.

L'art. 707 dit que si l'héritage en faveur duquel la servitude, droit indivisible, est établie, appartient à plusieurs par indivis, la jouissance de l'un empêche la prescription à l'égard de tous, et il en pose une conséquence dans l'art. 710. Le mineur est censé exercer toujours son droit, aussi conservera-t-il le droit de tous les autres copropriétaires, parce que la prescription n'aura pu courir contre lui.

75. — Mais c'est à cause du caractère d'indivisibilité de la chose prescrite que la suspension profite aux majeurs : l'indivision ne serait pas à elle seule suffisante, car la suspension ne serait plus admise qu'à raison de l'état personnel du mineur, et comme elle ne découlerait point du caractère intime de la chose, les copropriétaires ne pourraient user de cette exception personnelle.

76. — Il en serait ainsi alors même qu'il y aurait solidarité ; la solidarité ne crée pas l'indivisibilité, et si l'interruption faite par l'un des cocréanciers solidaires

(1) Rej., 14 août 1840.

profite aux autres, c'est qu'elle n'est point admise à raison de l'état de celui qui la fait ; qu'elle découle d'une sorte de mandat donné réciproquement dans l'intérêt de tous (1).

77. — Mais si par suite du partage intervenu entre eux l'immeuble est devenu la propriété du majeur, malgré l'indivision qui a subsisté, si l'on applique sainement l'art. 883, on restera convaincu que par suite de l'effet déclaratif et rétroactif de notre partage, la prescription doit avoir couru utilement *ab initio*, puisque c'est le majeur qui est réputé en avoir toujours été le propriétaire; que le mineur, par suite de la fiction, n'a jamais eu qu'un droit de cojouissance, indivise, et non un droit de copropriété, selon l'art. 710 (2).

Mais lorsque la prescription est suspendue contre le débiteur principal, elle l'est aussi contre la caution, car la créance contre la caution est la même que contre le débiteur principal.

78. — La prescription étant suspendue au profit de l'une des parties dans un contrat synallagmatique, l'autre partie pourra-t-elle se voir écarter par la prescription?

Après plus de trente ans de la vente, l'acheteur vient demander la livraison de la chose vendue, le vendeur oppose la prescription. L'acheteur répond qu'il était mineur, que la prescription étant suspendue à son égard, le vendeur n'a pu se libérer de son obligation par prescription.

(1) Rej., 23 fév. 1832. Dev., 32, 1, 537.
(2) Cass., 2 déc. 1845. Dev. 46, 1, 21.

Mais si le vendeur n'a pas encore réclamé son prix, la prescription ayant couru à son égard, devra-t-on présumer qu'il en a reçu le payement, ou la suspension au profit de l'acheteur entraînera-t-elle suspension à son profit?

Je ne crois pas que le vendeur puisse s'autoriser de la faveur que meritait à son cocontractant son état personnel. L'acheteur pourra, en invoquant la suspension, réclamer la livraison de la chose, mais il ne sera point obligé de payer le prix, car c'est sur la présomption du payement du prix qu'est fondée la prescription.

79. — La prescription est suspendue en faveur des interdits et des mineurs, non-seulement à l'égard des biens qui étaient leur propriété dès l'origine de l'usurpation, mais encore des biens qui ne leur sont échus qu'après avoir appartenu à un majeur capable, contre lequel la prescription avait commencé de courir. La loi ne fait pas à cet égard la même distinction que pour les immeubles dotaux.

80. — Cette théorie de la suspension a été l'objet des plus vives critiques. La cour de cassation ne voulait pas que l'état et la capacité des personnes, si difficiles à connaître des tiers, fussent une cause de prolongation de la prescription. Elle trouvait une protection suffisante dans la surveillance du tuteur civilement responsable de sa négligence. Elle était effrayée des conséquences de cette suspension pour l'intérêt public. Qu'allait devenir la certitude de la propriété en présence de plusieurs minorités successives qui pouvaient

reculer la prescription au delà de toute mémoire d'homme ?

De fait, la pratique a réalisé en partie ces prévisions ; mais fallait-il abandonner les mineurs aux chances d'un recours souvent inutile ? Leur faiblesse méritait une protection plus sincère, et s'il était utile de punir la négligence, il ne fallait pas encourager les usurpations illicites.

Le Code sarde a évité les écueils de ces deux systèmes absolus, en augmentant les délais de prescription à l'égard des mineurs, mais en les astreignant à un terme fixe de 60 ans.

DEUXIÈME SECTION.

Suspension de la prescription à l'égard de la femme mariée.

81. — En principe, la prescription court contre la femme mariée, soit pour les droits de famille, soit pour les droits pécuniaires.

Elle est moins protégée que le mineur ou l'interdit; car bien que son mari soit un administrateur que l'on puisse à certains égards assimiler au tuteur, elle est plus capable de se défendre ; elle peut, en maintes circonstances, se faire autoriser de justice; et, contre les négligences et la mauvaise administration de son mari, elle a la ressource de la séparation de biens, qui la rend maîtresse de ses actes, pour lesquels elle avait une incapacité sociale plutôt que naturelle.

82. Une femme se marie sans son libre consentement, ou bien elle a été induite en erreur (180); une action lui est ouverte pour attaquer ce mariage : cette action peut durer dix ans selon les uns, qui règlent cette prescription sur les termes de l'article 1304; trente ans selon d'autres qui ne veulent pas assimiler des contrats purement pécuniaires à ceux où des intérêts moraux sont seuls en jeu, et appliquent l'art. 2262; mais dans tous les cas ce délai courra contre la femme pendant le mariage. Elle pourra même couvrir cette nullité par une ratification expresse ou tacite, si depuis le jour où elle a recouvré sa liberté, découvert son erreur, il y a eu cohabitation avec le mari pendant six mois consécutifs.

83. De même si une femme se marie avant l'âge, elle peut encore pendant le mariage en couvrir la nullité, si elle laisse écouler six mois depuis qu'elle a atteint l'âge compétent (185). Malgré la dépendance résultant de la puissance maritale, la loi ne suspend pas la prescription.

84. L'article 2254 s'exprime d'une manière obscure et incomplète :

« La prescription court contre la femme mariée, « encore qu'elle ne soit point séparée par contrat de « mariage ou en justice, à l'égard des biens dont le « le mari a l'administration, sauf son recours contre « le mari. »

La législateur semble dire que la prescription est suspendue pour les biens dont la femme a l'administration; mais donner cette interprétation, ce serait entrer bien peu dans l'esprit de la loi. S'il est un cas où la prescription doive courir, c'est alors, certes, que la femme a la libre disposition de ses biens. Il était utile de s'expliquer à l'égard des biens administrés par le mari, et l'article 2254 signifie que la prescription court, sauf les exceptions de 2255 et 2256 contre la femme, sous tous les régimes, même celui de la communauté, pour tous les biens, même ceux dont l'administration est réservée au mari.

85. Si la femme est mariée sous le régime de la communauté, la prescription pourra atteindre les biens qui sont tombés du chef de la femme dans la communauté, les biens mobiliers ou immobiliers qui lui sont propres.

Au premier abord, il semble rigoureux de rendre le mari responsable des prescriptions qui courent depuis un an, car elles ne peuvent plus être arrêtées que par une action pétitoire, et les actions possessoires sont seules à sa disposition. Mais rappelons-nous que le mari doit conserver à la communauté l'usufruit des immeubles de la femme indûment usurpés, qu'il devra à cet effet agir au pétitoire, et qu'il ne pourra triompher qu'en prouvant la propriété de la femme, ce qui interrompra la prescription, et nous ne serons plus étonnés qu'il n'y eût pas lieu de restreindre la responsabilité du mari.

86. Si la femme est mariée sous le régime de la séparation de biens, soit par contrat, soit par justice, sa dépendance est moins grande, la prescription s'explique mieux encore puisqu'elle a l'administration de

ses biens. Si elle en a l'administration, c'est qu'elle a liberté et capacité suffisantes pour se défendre : le premier devoir de l'administrateur est de veiller à l'interruption de la prescription.

87. Est-elle mariée sous le régime dotal, la prescription courra à l'égard de ses biens paraphernaux, des biens dotaux déclarés aliénables, et en deux circonstances à l'égard des biens dotaux inaliénables; mais nous entrerons plus tard dans les explications que comportent ces deux régimes.

88. Pour tous les biens prescriptibles, au surplus, la femme aura son recours contre le mari; mais il faut que la prescription soit accomplie par sa faute, il faut que la prescription ait réellement préjudicié à la femme.

89. Il ne suffit pas au mari d'alléguer comme excuse que la prescription a commencé avant le mariage, car il est responsable de toutes les prescriptions survenues par sa négligence (1562).

Sa responsabilité commence au jour du mariage ; c'est dès ce jour qu'il doit interrompre le cours de la prescription; mais si elle était tellement imminente qu'il n'ait pu la prévenir, ou qu'il n'ait pas eu le temps de prendre connaissance des intérêts à lui confiés, surtout s'il ne lui ont point été nominativement désignés, on conçoit qu'il puisse être relevé du recours auquel il est exposé. C'est au juge d'apprécier les circonstances; il faut qu'il y ait faute de la part du mari, qu'il ait eu possibilité d'agir.

90. Nous avons ajouté qu'il était nécessaire, pour

l'exercice du recours, que l'accomplissement de la prescription fût préjudiciable à la femme. Et, en effet, y aurait-il eu négligence de la part du mari si les poursuites auxquelles il a manqué n'avaient dû amener aucun résultat? si le débiteur était insolvable, je suppose, il ne pourra être question de réparer un préjudice qui n'existe pas. Quelques démarches qu'il eût faites, la position de la femme serait la même.

Mais si par la suite le débiteur devient solvable, le mari sera responsable en proportion de ce que pourrait payer le débiteur revenu à meilleure fortune : son inaction a causé un dommage; de plus, elle a été une faute, car l'incertitude de l'avenir lui commandait de ne point laisser périr une action qui pouvait revivre utilement. Il faut que son inaction n'ait fait aucun tort pour qu'il n'y ait pas lieu à des dommages-intérêts. Merlin et Vazeille se sont prononcés en sens contraire, mais le droit romain avait déjà formulé notre opinion.

91. De même qu'il suffit que la prescription s'accomplisse en mariage, même par quelques jours, pour que le mari soit responsable ; de même la femme ne pourrait avoir de recours contre son mari, si depuis le moment où elle avait repris l'administration de ses biens, depuis la séparation de biens ou la dissolution du mariage il lui était resté un temps suffisant pour en empêcher l'accomplissement.

92. Dans l'ancien droit, lorsque le recours contre le mari était inefficace, on prétendait que l'épouse pouvait se faire restituer contre une prescription dont elle était la victime. Cambolas, Duperrier, le parlement de

Provence, se seraient prononcés pour l'affirmative? mais les tiers n'étaient-ils pas étrangement blessés; devaient-ils souffrir d'un événement qui ne leur était point imputable?

Dans le Code, les majeurs ne peuvent être restitués que pour les cas expressément prévus par la loi (1313), et la doctrine de Catelan ne peut être aujourd'hui mise en doute.

93. En résumé, la prescription court contre les femmes sous quelque régime qu'elles soient mariées, quels que soient les intérêts menacés; que la prescription ait commencé avant ou pendant le mariage.

Toutefois, ce principe subit quatre exceptions, sur lesquelles nous allons donner quelques détails :

1° La prescription est suspendue lorsque la femme mariée a contracté sans l'autorisation de son mari, à l'égard de l'action en rescision de cette convention (art. 1304) ;

2° Dans le cas où l'action de la femme réfléchirait contre le mari (art. 2256, 2°) ;

3° Elle ne court point pendant le mariage à l'égard de l'aliénation d'un fonds inaliénable (art. 2255);

4° Elle est également suspendue dans le cas où l'action de la femme ne pourrait être exercée qu'après une option à faire sur l'acceptation ou la renonciation à la communauté.

1° L'action est suspendue contre la femme mariée à l'égard de la convention qu'elle a conclue sans l'autorisation de son mari, jusqu'à la dissolution du mariage (art. 1304.)

94. Dans l'ancienne jurisprudence, de même qu'aujourd'hui, les actions rescisoires se prescrivaient par dix ans entre majeurs à compter du jour où avaient été faits les actes contre lesquels ces actions étaient dirigées ; mais il avait été nécessaire d'y apporter quelques exceptions, quand l'action se fondait sur l'incapacité de la personne : il fallait que l'incapacité eût cessé.

Si l'on a cru nécessaire dans l'intérêt de la société de limiter le temps pendant lequel la convention peut rester en suspens, au moins fallait-il que l'on ne se trouvât point dans l'impossibilité de profiter de ce délai pour exercer ses droits.

95. Cette action doit-elle courir pendant le mariage?

Si la femme a contracté avec son mari, la négative n'est point douteuse, la prescription est suspendue entre époux. (Art. 2253.) « On présume que le respect, la crainte maritale, dit Dunod, l'ont empêchée d'agir. »

Si la femme s'est obligée envers un tiers avec l'autorisation de son mari, la prescription court contre elle, comme si elle n'avait pas été mariée.

Mais si elle a contracté au mépris de la puissance maritale, la prescription ne commence à courir que du jour de la dissolution du mariage. Ce n'est qu'à partir de ce moment qu'elle est véritablement libre ; car la crainte d'encourir la disgrâce de son mari, à l'insu duquel elle s'est obligée, lui fait, présume-t-on, garder le silence pendant le mariage et sacrifier ses intérêts à la paix du ménage. On ne pouvait la rendre victime d'une négligence qui ne lui était point imputable, tant que l'impuissance morale d'agir n'avait point disparu: *Contra non valentem agere, non currit præscriptio.*

L'action en nullité appartient aussi au mari ou à ses héritiers, qui peuvent demander l'annulation de l'acte passé sans autorisation; mais le point de départ ne peut être le même que pour la femme. Les dix ans doivent courir du jour où il a eu connaissance du contrat, et non de la dissolution du mariage; car, même pendant le mariage, il est libre d'agir, et la prescription peut courir contre lui, puisqu'il est capable de s'en défendre. Telle était la pensée des rédacteurs du Code. (Fenet, t. XVIII, p. 287.)

On regarde comme étant dans l'impossibilité d'agir, les personnes qui n'ont pas l'exercice de leurs droits; aussi le temps ne commencera à courir que du jour de la dissolution du mariage, à l'égard de la femme : « et « encore, dans le rapport au Tribunat, à l'égard des « femmes mariées et non autorisées, le délai ne court « que du jour de la dissolution du mariage, parce « qu'alors seulement elles sont libres d'agir par elles- « mêmes. » Partout il n'est question que de la femme, et si l'on laisse passer dix ans depuis qu'il a connaissance de l'acte, son silence est une ratification tacite qui éteint l'action à son égard.

La femme ne perd point son action, car la rescision ne lui est pas seulement accordée par mépris de l'autorité maritale, mais encore pour le dommage résultant de son inexpérience et de sa faiblesse. Elle ne peut être dépouillée du droit de protection qui lui est dû, et elle en serait involontairement privée; car en ratifiant, le mari ferait courir la prescription pendant le mariage.

96. Faut-il regarder ce délai de dix ans comme un délai préfixe, invariable, ou comme une prescription proprement dite? Si ce délai est une véritable prescription, toutes les causes de suspension admises par l'article 2251 lui sont applicables. Si une femme, ayant contracté sans autorisation de son mari, meurt laissant un enfant mineur, la prescription ne courra point pendant le temps de minorité. Si ce n'est qu'un simple délai pour agir, les dix ans courront toujours sans interruption ni suspension possibles, du jour de la dissolution du mariage.

C'est là, selon l'opinion la plus générale, une véritable prescription. Dire qu'une action ne peut être exercée que pendant un certain temps, n'est-ce pas dire que cette action est prescriptible par ce même laps de temps? Partout c'est le défaut de possession et d'action qui fait perdre la propriété ou les autres droits.

On objecte que l'art. 1304 a eu pour but de réduire pour tous les cas au même temps une action que des minorités successives pouvaient étendre au delà de toute raison. Mais s'il est vrai que la prescription a été réduite, qu'elle soit de dix ans au lieu de trente, elle n'en est pas moins une prescription avec tous les caractères de la prescription. Si le Code avait cru devoir faire une exception, il se serait sans aucun doute formellement expliqué comme pour l'action en rescision de la vente pour lésion (art. 1676).

On dit encore qu'aux termes de l'art. 2264, les règles de la prescription sur d'autres objets que ceux mentionnés au titre de la prescription sont expliquées dans les titres qui leur sont propres ; que l'art. 1304 est bien un article spécial, qu'on ne peut lui appliquer la suspension de l'art. 2252. Mais c'est là une fausse interprétation : cela ne signifie en rien qu'on n'applique pas les règles générales de la prescription ; mais que les règles générales du titre de la prescription n'abrogent pas les règles propres à certaines prescriptions énoncées dans le Code ; que les prescriptions spéciales sont soumises d'une part au droit commun, et de l'autre au droit exceptionnel, selon qu'il est dit en chaque article (1).

97. — Si la femme reste dix ans sans attaquer l'acte annulable, pourra-t-elle opposer aux poursuites dirigées contre elle par le créancier l'exception tirée du défaut d'autorisation? L'exception dure-t-elle autant que l'action qu'elle est destinée à repousser? L'ancienne maxime *quæ temporalia sunt ad agendum, perpetua sunt ad excipiendum* a-t-elle été conservée?

Dans le droit romain, si le contrat n'a pas reçu d'exécution, si la partie trompée n'a pas livré la chose, l'action en rescision n'est pas nécessaire, l'exception suffit. Je n'ai pas besoin d'attaquer un contrat dont l'exécution ne sera peut-être jamais demandée.

(1) Rej., 8 nov. 1842. Dev., 44, 1, 129. — *Contra*, Toullier, n° 615. Duranton, n° 548.

Si, au contraire, le contrat est exécuté, la partie a tout ce qu'elle demandait, elle n'a plus rien à exiger ; je ne pourrai me servir de l'exception, j'aurai besoin de l'action pour faire valoir mes droits. L'action était temporaire ; passé le délai légal, vous étiez présumé avoir renoncé à votre droit, ratifié tacitement la nullité de l'acte. L'exception, au contraire, était perpétuelle; car on ne pouvait en user lorsqu'on le voulait, mais alors seulement qu'on était attaqué; et si on l'eût renfermée dans un certain délai, l'adversaire n'eût pas manqué d'attendre ce délai pour que vous fussiez sans défense.

Cette règle a ses justes motifs dans un droit où il n'était pas permis de prendre les devants, où l'on ne pouvait faire constater la nullité d'une obligation, tant que l'on ne prétendait pas en user envers vous.

Elle a été abrogée par l'ordonnance de Villers-Cotterets, rendue par François Ier en 1539 : « Nous « voulons oster toutes difficultés sur le temps que se « peuvent faire casser les contrats faits par les mi- « neurs, ordonnons qu'après l'âge de trente-cinq ans « parfaits et accomplis, ne se pourra pour le regard « du privilége en faveur de minorité plutost déduire « ni poursuivre la cassation desdits contrats, en de- « mandant ou en défendant. »

Le Code a-t-il statué de même ? L'art. 1304 comprend-il à la fois l'action et l'exception ?

Dans le rapport fait au tribunal sur cet article, il fut dit que pour la nullité absolue, la nullité pourrait en être proposée par voie d'exception à toute époque, tandis que pour les nullités contre lesquelles on avait organisé l'action rescisoire, on ne le pouvait que dans le délai de l'action, parce que, passé ce délai, il y aurait ratification. Lorsqu'il s'agit d'un engagement contracté sans objet ou sans cause, ou pour une cause illicite, il est tout simple que celui qui a souscrit l'engagement, à quelque époque qu'il soit poursuivi, soit toujours admis à répondre qu'il n'y a pas d'obligation; l'obligation n'existe pas: on ne peut ratifier le néant. Mais lorsqu'il s'agit d'un mineur, d'une femme mariée, ne serait-il pas bien extraordinaire que le temps de la restitution ne fût pas limité? Dans ce cas, on devrait se borner à dire que celui qui avait souscrit l'engagement pourrait s'y soustraire. L'obligation existe : la nécessité d'un délai est d'ordre public : un laps de temps sans réclamation fait présumer la ratification.

Ainsi, lorsque dix ans se sont passés depuis la dissolution du mariage, lors même qu'on n'aurait point réclamé de la femme l'exécution de son obligation, si la prescription avait été suspendue à l'égard du créancier, la femme n'aurait ni action ni exception pour le repousser ; le contrat est ratifié.

Et l'on ne concevrait guère qu'il en fût autrement; car, à la différence du droit romain qui n'accordait pas le droit tant que le contrat n'avait pas été exécuté, et qui avait été amené par là à faire durer les moyens de défense aussi longtemps que l'action qu'ils devaient repousser, on peut, dans notre Code, quelles que soient les hypothèses, attaquer et faire annuler un contrat qui plus tard pourrait vous être opposé.

En vain l'on s'étonnerait que celui qui jouit, qui n'est pas troublé, aille prendre l'initiative d'une lutte qui lui fera perdre le poste le plus avantageux, l'obligation à laquelle il s'est soumis a pris naissance, a toute la force d'un contrat régulier valable *ab initio*, s'il n'est point attaqué. Un délai lui est ouvert à cet effet ; ce délai passé, n'est-il pas censé se soumettre au droit commun, renoncer à la restitution qui lui était offerte ? Et cela est si vrai, que la règle *quæ temporalia sunt ad agendum perpertua sunt ad excipiendum* s'applique aux nullités absolues, parce qu'ici il n'est question que de constater la nullité, qu'il n'y a pas lieu à ratification. L'exception de nullité y sera forcément perpétuelle, bien que l'action ne puisse jamais durer plus de trente ans. Ainsi, après cinquante ans, réclamez-vous l'exécution d'une contre-lettre contraire à l'ordre public, je pourrais, par exception, opposer la nullité de l'obligation. Que si je l'ai exécutée, je ne pourrais en faire reconnaître la nullité, répéter ce que j'aurai payé que pendant trente ans par action principale (1).

Ce système présente peut-être quelque danger, car si un aliéné contracte et qu'il soit relevé de son incapacité, il pourra ignorer l'obligation qui pèse sur lui ; et si le créancier garde le silence pendant dix ans, il pourra se trouver forclos de toute exception ; mais ils sont bien atténués en ce qu'il pourra soutenir que le contrat est nul absolument par absence de consentement. Il n'en existerait même aucun, si l'on ne fai-

(1) Marcadé, Art. 1304. Rej., 29 juin 1826. *Contra*. — Merlin, Toullier, VII. 600. Vazeille. Zachariæ, II. p. 443. Troplong.

sait, dans tous les cas, courir les dix ans que du jour où le fou, revenu à la raison, aura eu connaissance de l'acte, ou, comme pour l'aliéné, en aura reçu notification.

98. En résumé, la prescription est suspendue à l'égard de la femme pour tous les actes qu'elle a passés sans l'autorisation de son mari, parce qu'elle ne serait point libre d'agir avant la dissolution du mariage, et cette règle s'applique sous quelque régime qu'elle soit mariée.

II. La prescription est suspendue contre la femme jusqu'à la dissolution du mariage, sous quelque régime qu'elle soit mariée, toutefois que l'action qu'elle doit exercer réfléchirait contre son mari.

99. Cette règle n'existait point en droit romain; avant le Code civil elle avait été universellement reconnue dans notre ancien droit français, et il n'en n'est guère de plus juste.

Elle rappelle le principe que nous avons déjà exposé : de même que la femme ne peut être présumée libre, et doit laisser plutôt péricliter ses intérêts que d'avouer ce qu'elle a fait au mépris de l'autorisation maritale, ainsi ne peut-on lui reprocher une inaction qui repose sur une affection qu'elle craindrait de diminuer en compromettant les intérêts de son mari, sur le sacrifice de ses propres biens à la paix de la famille, tous motifs éminemment louables. Dans la saine appréciation de cette position, pour ne point la laisser dans l'alternative de sacrifier son bonheur ou sa fortune, la loi déclare que la prescription sera suspendue toutes les fois que l'action réfléchira contre le mari.

100. Ceci demande à être bien entendu. Il n'y aura point suspension, lorsque le mari sera responsable envers sa femme. Par exemple, pour le préjudice causé par une prescription qu'il aura laissé accomplir par sa faute ; car la prescription, en ce cas, court puisqu'il y a lieu à réparation. Par action qui réfléchit contre le mari, l'art. 2256 désigne le recours des tiers contre le mari, par suite de l'action intentée par la femme. C'est cette lutte d'un tiers et du mari, conséquence de l'action de la femme, que la loi redoute pour l'union des époux, et c'est pour éviter une cause de rupture qu'elle suspend cette action pendant le mariage.

101. Cette règle s'applique dans toutes les circonstances où le mari a traité sans pouvoir des droits propres à la femme, et dans celles où la femme a traité elle-même sous le cautionnement ou l'obligation solidaire du mari.

Parcourons quelques applications.

L'art. 2256 nous en donne une des plus frappantes.

Un immeuble de la femme a été vendu sans son consentement par le mari. Si la prescription courait pendant le mariage, elle serait obligée d'agir contre l'acheteur, et c'est contre le mari qu'il recourrait à son tour, lui réclamant, en vertu de la garantie, le prix de l'immeuble, les frais et loyaux coûts du contrat, et, s'il y avait lieu, d'autres dommages-intérêts (**1630**). C'est son mari qu'elle atteindrait en poursuivant l'acheteur aussi l'acheteur ne peut-il prescrire, tant que durera le mariage, l'impuissance morale de la femme à exercer ses droits.

Il en serait de même si le mari vendait l'immeuble comme sien, même avec clause de non garantie, car il serait encore obligé à la restitution du prix.

Pour qu'il fût exonéré de tout recours, il faudrait qu'il l'eût vendu à un acheteur, sans garantie et à ses risques et périls, ou qu'il l'eût donné *non dotis causa,* et l'on s'aperçoit du résultat assez bizarre où l'on peut être conduit. La bonne foi n'étant pas prise en considération, c'est à l'action en garantie que l'on s'attache, et tel usurpateur de mauvaise foi prescrira, tandis que l'acheteur de bonne foi ne pourra utiliser sa possession pendant le mariage, précisément à cause de sa position favorable, du recours que la loi lui accorde.

102. Ce n'est pas seulement dans le cas où l'action de la femme ferait naître un recours contre le mari, que la prescription est suspendue, mais dans tous les cas où l'action réfléchirait contre le mari. Le texte est favorable à ce que réclame l'esprit de la loi.

Si une femme mineure vend solidairement avec son mari et sans formalité, l'immeuble qui lui est propre, la vente est annulable ; elle a une action en rescision, mais cette action est suspendue non-seulement jusqu'à la majorité de l'épouse, mais jusqu'à la dissolution du mariage, car sans faire naître un recours contre le mari, elle réagirait cependant contre lui. L'acheteur privé de la garantie de la femme serait plus pressé de poursuivre le mari : l'action nuirait au mari à qui elle pourrait causer les dommages les plus graves. Elle serait de nature à causer des troubles entre le mari et la femme. Elle rendrait la situation du mari plus difficile, et cela seul suffirait pour motiver une suspension de prescription, car les termes de l'art. 2256 sont généraux, *dans tous les cas où l'action réfléchirait contre le mari* (1).

103. Il en serait de même si le mari avait vendu, conjointement avec sa femme mineure, l'immeuble qui lui est propre ; il est responsable vis-à-vis de l'acheteur, qui trouve des garanties à l'intervention de la femme. Si la femme usant de l'action en rescision faisait annuler la vente, c'est contre lui que l'acheteur aurait recours, et l'on présume que le mari s'opposera à l'exercice de cette action préjudiciable à ses intérêts.

104. Il ne faudrait pas étendre cette décision au cas où le mari se serait borné à donner son autorisation : la prescription courrait alors soit du jour de la majorité, soit de celui du contrat, parce que le mari n'est pas obligé lui-même. Un arrêt de rejet du 11 juillet 1826, semble contraire à cette doctrine, mais dans l'espèce où il fut rendu, la femme était mariée sous le régime dotal, et le mari, en autorisant une vente qu'il savait prohibée, n'était supposé complice que pour profiter du prix versé entre ses mains ; et la Cour de Bordeaux (30 mai 1816) a bien jugé que si le mari n'avait pas tiré profit indirect, si l'autorisation n'était qu'un

(1) Vazeille, 286. Troplong, 770. Arrêts du Parlement de Paris, 27 mai, 1er juillet 1672. — 3 mai 1718.

acte désintéressé du pouvoir marital, il n'y avait pas lieu de suspendre la prescription qui ne pouvait réfléchir contre le mari. *Qui auctor est non se obligat.*

105. Passons maintenant aux actions que la femme pourrait avoir pour se dégager d'obligations personnelles qu'elle avait contractées, soit pour son propre intérêt, soit pour celui de la communauté.

La prescription de l'action en rescision est suspendue pendant le mariage, lorsque la femme mineure a contracté dans son propre intérêt, avec autorisation du mari, un engagement qui dépasse sa capacité, et que le mari a accédé à l'obligation soit comme caution, soit comme obligé solidaire. Si la femme eût exercé pendant le mariage l'action en rescision, le créancier fût devenu plus pressant, car il eût vu diminuer ses garanties. On suppose que le mari en aurait paralysé l'exercice, car il se fût trouvé sans recours contre sa femme légalement libérée ; aussi est on venu en aide à la femme à qui une inaction si méritoire ne pouvait préjudicier.

106. Il en est même ainsi, quoique le mari ne se soit pas obligé solidairement. M. Malleville dit que si le mari s'est obligé pour les affaires et les intérêts de sa femme, conjointement avec elle, le délai de restitution ne court pas pendant le mariage. M. Vazeille (n° 288) soutient que la solidarité ne se devant point présumer, l'obligation conjointe des époux dans les affaires de la femme ne vaut, à l'égard du mari, que pour l'autorisation de la femme ; que l'autorisation se donne par le concours du mari dans l'acte ; que la simple participation à un acte ne peut en conséquence créer contre lui une garantie,

Il est vrai que la solidarité doit être expressément stipulée, mais l'obligation conjointe n'oblige-t-elle pas le mari pour sa part et portion ? et si le mari est séparé de biensavec sa femme, ne donne-t-il pas une garantie au créancier en accédant conjointement à l'obligation?

Il y a de plus une grave confusion sur l'art. 217. L'autorisation n'est pas la même chose que l'obligation conjointe. Alors que l'autorisation ne se présumait point dans l'ancien droit, qu'elle devait être expresse et non tacite, ne voyons-nous pas que le concours du mari dans l'acte et dans l'obligation ne valait point autorisation, que le mari était seul obligé? Pour que la prescription coure, il faut donc que le mari se soit borné à autoriser sans s'obliger conjointement, qu'il soit désintéressé dans les poursuites de sa femme.

107. Si c'est la femme mineure qui accède aux obligations du mari ou de la communauté, soit solidairement, soit conjointement, les raisons de décider sont les mêmes. Un arrêt de la Cour de Paris, du 13 février 1809, déclare, il est vrai, que la règle qui suspend la prescription pendant le mariage, dans le cas où l'action de la femme réfléchirait contre son mari, n'est point applicable lorsque les époux se sont obligés solidairement ou conjointement, parce que le mari étant déjà engagé, l'action était sans conséquence pour lui et ne rendait pas sa condition pire. Mais n'avons-nous pas déjà démontré qu'il n'était pas besoin d'un recours

en garantie pour motiver cette suspension, qu'on l'induisait raisonnablement de l'aggravation de la situation du mari, ce qui n'est point contesté dans notre espèce, puisque le créancier voit diminuer ses garanties?

108. Dans tous les cas où l'action réfléchirait contre le mari, si l'absence du mari est déclarée, l'influence du mari n'est plus là pour mettre obstacle à l'action interruptive de la prescription. Ce sont des héritiers présomptifs qui sont en possession des biens; leur présence ne doit pas produire plus d'effets que celle d'héritiers véritables.

109. Les enfants majeurs placés entre des tiers et leur père et mère, dans une situation analogue, n'ont pas de suspension, bien que l'exercice de leurs droits doive nuire à leurs parents; mais cela tient à ce que la puissance paternelle n'est plus aussi vigoureusement organisée en notre société. La suspension est circonscrite à la minorité, parce que, dégageant mieux l'individualité, le Code a vu dans les majeurs des hommes libres dans la plénitude de leurs droits, et a cru que le respect dû au père n'était point incompatible avec la défense de leurs intérêts.

111. Lorsque la femme est mariée sous le régime de la communauté, la prescription ne court pas contre elle, quant aux actions qu'elle ne peut exercer qu'après une option à faire sur l'acceptation ou la répudiation de la communauté.

110. Le mari fait-il des actes en dehors de son droit sur la communauté, donne-t-il des immeubles, l'universalité du mobilier, la femme peut demander la nullité de la donation, mais seulement à la dissolution de la communauté, et à la condition qu'elle l'accepte ; car, en renonçant, elle perd le droit de critiquer les actes du mari sur des biens dont elle est réputée n'avoir jamais eu la propriété.

Donc, tant que la communauté subsistera, la prescription ne peut courir contre une action qui dépend du parti que la femme prendra ultérieurement (1422-1492).

La femme a ameubli un immeuble, mais à la condition que cet ameublissement serait non avenu si elle renonçait à la communauté. Que l'immeuble passe entre les mains de tiers par vente, donation ou échange, ce tiers ne prescrira qu'à partir de la dissolution de la communauté.

Lorsque la femme a une portion de propriété dans un immeuble indivis, si le mari devient, seul et en son nom personnel, acquéreur ou adjudicataire de la portion ou de la totalité de cet immeuble, la femme aura, lors de la dissolution de la communauté, le choix ou d'abandonner l'effet à la communauté, laquelle devient alors débitrice envers la femme, ou de retirer l'immeuble en remboursant à la communauté le prix d'acquisition (1408).

Comme le choix ne peut se faire qu'après la dissolution de la communauté, et que jusque-là il est incertain si le fonds sera conquêt de la communauté ou propre de la femme, la prescription ne doit point courir avant le temps fixé pour l'option.

111. Remarquez que malgré les termes de l'article 2256, la prescription est suspendue *pendant le mariage* dans le cas où....... Les exemples que nous venons de citer ne parlent jamais que de la dissolution de la communauté et avec raison. La suspension dure jusqu'à l'option à faire par la femme; et la dissolution du mariage n'est pas le seul événement qui donne lieu à cette option; elle est aussi la conséquence de la séparation de biens, de la déclaration d'absence, si l'on opte pour la dissolution de la communauté. On ne peut donc dire que la prescription soit suspendue pendant le mariage, puisque le mariage continue après la séparation de biens et la déclaration d'absence.

112. Il nous importe de rechercher quelle est la cause de cette suspension. N'est-elle qu'une application du principe plus large de l'article 2257? Si l'article 2256 n'est pas limitatif, faut-il l'étendre à tous les cas analogues où le droit de la femme est suspendu par une condition ou par l'attente forcée d'un événement?

Il n'est pas contestable que si la femme mariée a un droit conditionnel, la prescription ne courra point contre elle jusqu'à l'accomplissement de cette condition; mais alors, c'est en vertu des principes généraux de l'art. 2257. Elle aura ce bénéfice comme toute autre personne ayant un droit conditionnel. Ce ne sera plus sa position de femme mariée, et mariée sous le régime de la communauté, qui le lui méritera. Et il y a un intérêt à distinguer ; ce n'est pas une subtilité de mots. L'art 2257 ne s'applique qu'aux droits personnels (*vide infra*), il ne s'étend pas aux droits réels; l'article qui nous occupe ne peut donc être une application de l'art. 2257; ce n'est pas parce que l'action de la femme est conditionnelle qu'elle est suspendue.

Si les actions dont l'exercice ultérieur dépend, pour la femme, de son option ou de sa répudiation de la communauté, pouvaient se prescrire pendant le mariage, la femme serait obligée de contrôler les actes du mari, d'exercer sur l'administration, pour interrompre la prescription, une surveillance qui pourrait amener de graves dissentiments. La loi, comme dans les exceptions précédentes, s'est prononcée en faveur des considérations morales qui rendaient la femme impuissante à agir.

Notre article est donc spécial et limitatif. Ce n'est pas toute condition qui opérera suspension au profit de la femme, mais la seule option à faire lors de la dissolution de la communauté. Je ne dis pas que la femme ne pourra voir, comme tout autre, la prescription suspendue par l'art. 2257, mais ce ne sera plus à titre de femme mariée; et la suspension ne sera possible que pour des droits personnels.

113. Si l'épouse commune en biens, l'absence de son mari déclarée, opte pour la dissolution de la communauté, la prescription ne sera plus suspendue, car elle s'est mise dans la nécessité de faire une acceptation ou une renonciation de la communauté. Si le décès de l'absent n'est pas prouvé avoir eu lieu à une autre époque, si l'absent ne revient point, cette dissolution provisoire produira les mêmes effets qu'une dissolution définitive.

Nous arrivons à la quatrième et dernière exception, à la règle que la prescription court contre la femme pendant le mariage.

IV. Néanmoins elle ne court point pendant le mariage, à l'égard de l'aliénation d'un fonds constitué selon le régime dotal, conformément à l'art. **1561**, au titre du contrat de mariage et des droits respectifs des époux.

114. Les biens paraphernaux restent soumis à la prescription ; la femme en a l'administration, la jouissance. A leur égard elle est libre, nullement empêchée d'agir, aucun motif ne pourrait justifier une exception à la règle générale à laquelle elle reste soumise.

L'inaliénabilité du fonds dotal, l'une des principales garanties à la conservation et à la restitution de la dot (garanties qui ont valu à ce régime le nom de dotal, bien qu'il y eût une dot en tout régime, à cause de la protection spéciale dont elle y est entourée), n'est pas de l'essence du régime dotal. On peut, par les conventions du contrat de mariage, déroger aux règles qui ne sont point contraires à la loi et à l'ordre public (art. 6); on peut par une clause du contrat rendre les immeubles dotaux aliénables.

Lors de la première rédaction du projet du Code, l'art. **1561** disait d'une manière générale : Le fonds dotal est imprescriptible pendant le mariage; mais sur les observations du Tribunat, qui voulait faire cadrer l'imprescriptibilité avec l'inaliénabilité, il fut corrigé en ce sens que les immeubles dotaux inaliénables seraient seuls imprescriptibles.

115. De même, les créances et meubles dotaux sont prescriptibles. L'art. 1561 ne fait sortir du droit commun que les immeubles dotaux. L'art. 2255 ne parle que du fonds dotal. Cette différence tient à ce que les meubles sont aliénables, à ce qu'il y aurait inconvénient à soumettre à des recours sans fin les possesseurs de meubles, à tenir en échec la propriété mobilière, que sa nature assujettit à des mutations qui exigent la plus entière liberté.

Catellan disait : « Que la prescription d'une somme « due à la femme courait en faveur de son débiteur, « quoique la femme eût constitué à son mari tous ses « biens, et que la prescription n'eût pas commencé « avant le mariage. L'imprescriptibilité, ajoutait-il, « n'est que la conséquence de l'inaliénabilité, et celle-« ci ayant été limitée par la loi Julia aux fonds do-« taux, ne peut être étendue aux droits incorpo-« rels. »

Védel remarquait avec la plus grande raison qu'il y avait bien de la différence entre l'aliénation d'un fonds dotal faite pendant le mariage et la libération qu'un débiteur acquiert par la prescription pendant le même temps. Celui qui possède un fonds dotal est acquéreur de mauvaise foi et le détient injustement, puisque la loi en défend l'aliénation, et qu'il est en faute de ne le pas savoir. Le débiteur, au contraire, qui acquiert sa libération en prescrivant, ne fait qu'user du droit qui lui est ouvert de se libérer par le payement de sa dette entre les mains du mari ; car la prescription produit le même effet qu'un payement réel, et n'en est, à proprement parler, qu'une présomption légale. Le débiteur peut donc prescrire les créances dotales, de même qu'il pouvait payer au mari.

116. Si une femme a droit à une indemnité pour passage sur un fonds dotal, à raison d'enclave, c'est là un droit mobilier; il se prescrit pendant le mariage (1).

117. De même que le mari a pu dissiper les deniers dotaux, il a pu les laisser prescrire, sauf le recours de la femme contre lui. Nous rentrons ici dans les principes généraux de la responsabilité du mari.

Cependant depuis longtemps la Cour de cassation a jugé et fait passer dans la jurisprudence que la dot mobilière est inaliénable comme la dot immobilière. Doit-on, si l'on admet cette doctrine, et elle n'est basée que sur de bien faibles arguments, la pousser jusqu'au bout et déclarer que non-seulement la dot mobilière est inaliénable, mais encore qu'elle est imprescriptible ? Ainsi, un mari vend un meuble dotal, la femme pourra-t-elle le revendiquer sans être repoussée par la règle : en fait de meubles, possession vaut titre? Non, et c'est une conséquence qui montre encore l'inanité de ce système. Ce serait anéantir l'administration du mari que de lui interdire l'aliénation des meubles dans une certaine limite. Les fruits naturels, les fruits civils, ne sont-ils pas des choses mo-

(1) Grenoble, 7 janv. 1845. Dev. 45, 2, 417.

bilières, et peut-il y avoir administration sans la vente de ces biens?

Nous devons donc, en nous attachant aux termes des articles 1561-2255, rejeter une imprescriptibilité que le droit romain, où nous avons tant puisé en cette matière, avait lui-même rejetée.

118. Si l'immeuble est stipulé dotal, purement et simplement, sans cause d'aliénabilité, la prescription de l'action en nullité de la vente ne peut commencer qu'après la dissolution du mariage, qui fait cesser la dotalité.

1561. Les immeubles dotaux non déclarés aliénables par le contrat de mariage sont imprescriptibles.

2255. Néanmoins la prescription ne court pas à l'égard de l'aliénation d'un fonds inaliénable.

119. L'imprescriptibilité s'applique aux démembrements de la propriété comme à la propriété elle-même. Ainsi, on ne peut acquérir par la prescription aucune servitude sur le fonds dotal, ni se libérer d'une servitude qui lui serait due.

120. Le principe d'après lequel l'immeuble dotal est imprescriptible pendant le mariage, s'applique même au cas où l'immeuble n'était pas précisément dotal dans le principe, s'il l'est devenu plus tard par suite de partage. Ainsi, lorsqu'une femme mariée sous le régime dotal apporte en dot la part de succession indivise à laquelle elle est appelée, s'il arrive que par l'effet du partage un immeuble lui soit attribué, comme il est réputé lui avoir appartenu dès le jour de l'ouverture de la succession (883), et qu'il a, en conséquence, à partir de cette époque, le caractère de bien dotal essentiellement imprescriptible, un tiers ne pourrait arguer de sa possession et de sa bonne foi pour le prescrire (2265) (1).

121. Les immeubles inaliénables sont donc imprescriptibles.

Cependant cette règle reçoit plusieurs tempéraments :

1° Les immeubles dotaux, même inaliénables, sont prescriptibles pendant le mariage, si la prescription a commencé avant le mariage (art. 1561);

2° L'inaliénabilité de la dot immobilière persiste, après la séparation de biens, jusqu'à la dissolution du mariage ; elle devient néanmoins prescriptible à partir de cette époque, quelle que soit l'époque à laquelle la prescription a commencé.

122. 1° Les immeubles dotaux, quoique inaliénables, continuent d'être prescriptibles, même pendant le mariage, si au moment de la célébration ils étaient déjà en voie de se prescrire. Le mariage, qui est un contrat entre les époux, ne peut nuire aux tiers, qui n'y sont point parties (art. 1165). Le mariage n'est point un acte interruptif de la prescription. Si un tiers possède depuis huit ans de bonne foi un immeuble, et que cet immeuble soit constitué en dot, le tiers continuera de prescrire, et si la prescription s'accomplit, la femme n'aura de recours contre son mari, que s'il y a eu négligence de sa part. (*Vide supra.*)

Le commencement de la prescription avant le ma-

1 Bordeaux, 23 juin 1830. Dev., 9, 2. 384.

riage n'empêche pas la responsabilité du mari. Sous le régime dotal, le mari a la délégation de toutes les actions de la femme (1562); c'est à lui d'arrêter le cours de la prescription. Il est certain qu'on ne pourrait lui imputer aucune faute, si la prescription devait s'accomplir à une époque trop rapprochée du mariage, alors surtout que les biens constitués en dot n'auraient pas été spécialement énumérés. L'insolvabilité du débiteur peut justifier son inaction, si plus tard ils ne deviennent point solvables; mais l'appréciation de la faute rentre dans les fonctions du magistrat.

Il n'est pas nécessaire que cette prescription ait eu une existence utile et efficace; il suffit que son principe existât à cette époque; peu importe que son cours fût alors suspendu par l'état de minorité de la femme (1).

123. 2° Les immeubles deviennent néanmoins prescriptibles après la séparation de biens, quelle que soit l'époque à laquelle la prescription ait commencé.

L'exception précédente porte déjà atteinte au principe que l'immeuble dotal est imprescriptible pendant le mariage; car lorsqu'un immeuble est frappé d'inaliénabilité par une loi transitoire, la prescription est suspendue entre les mains du tiers possesseur jusqu'au jour où l'inaliénabilité cesse; mais on peut faire intervenir la règle, *res inter alios acta aliis nocere non potest*, tandis que cette seconde exception en attaque

(1) Grenoble, 6 décembre 1842.

directement le principe. Elle fut admise en haine des entraves à la libre circulation des biens.

124. — La séparation de biens, que le mauvais état des affaires du mari permet d'accorder à la femme, lorsque sa dot est en péril, ou qu'elle a lieu de craindre que les biens ne soient pas suffisants pour la remplir de ses droits et reprises (**1443**), n'opère pas la rupture du mariage; le caractère d'inaliénabilité imprimé à ces immeubles ne s'efface point, car la dotalité dure jusqu'à la dernière heure du mariage, et cependant ces immeubles dotaux redeviennent soumis aux lois générales de la prescription.

Tant que l'exercice des actions de la femme appartenait au mari, c'est lui qui était chargé des actes conservatoires; la femme devait se fier à son administration; elle l'eût gêné par son intervention; aussi n'a-t-on pas voulu qu'elle pût être victime d'une négligence à laquelle sa délicatesse lui défendait d'obvier. Mais par la séparation de biens, elle reprend l'administration de ses biens, la libre disposition de son mobilier; elle a le moyen d'agir puisque l'administration est pour elle un devoir; aussi la prescription n'est-elle plus suspendue à son égard.

Il semble assez difficile de concilier l'inaliénabilité du fonds dotal qui persiste, après la séparation de biens, avec la prescriptibilité à laquelle la femme se trouve soumise; ces deux caractères paraissent se contrarier l'un l'autre. La prescription n'est-elle point une aliénation tacite? Peut-on faire indirectement ce que la loi défend expressément? La femme pourra-t-elle, par un silence prolongé, aliéner un bien dont l'aliénation directe serait nulle même avec l'autorisation du mari? La loi paraît être tombée dans une étrange contradiction, et cependant on peut en donner quelque explication. L'inaliénabilité a sa source dans une convention légale; la prescription est un principe d'ordre public qui doit tout atteindre. Elle est moins dangereuse que l'aliénabilité directe, puisqu'il faut un certain temps pour la consommer. Elle est moins tentante, puisqu'elle fait sortir un bien du patrimoine sans aucune compensation. La femme n'avait donc pas besoin en cette circonstance d'une aussi puissante protection.

Ces règles étaient à peu près les mêmes dans le droit romain.

Les Institutes prohibent l'aliénation du fonds dotal: *Dotale prædium maritus invita muliere per legem Juliam prohibetur alienare.* Cette règle ne s'étend point aux meubles, qui peuvent être aliénés. Le mari, propriétaire de la dot en ce sens que les revenus lui appartiennent, a l'exercice des actions dotales, la responsabilité du recouvrement des créances et des prescriptions qu'il laisse accomplir par sa faute. Enfin est suspendue la prescription qui a commencé de courir avant le mariage.

Si fundum quem Titius possidebat bona fide, longi temporis possessione poterat sibi quærere, mulier ut suum marito dedit in dotem, eumque petere neglexerit vir, cum id facere posset, rem periculi sui fecit. Nam licet lex Julia, quæ vetat fundum dotalem alienari, pertineat etiam ad hujus modi adquisitio-

nem, non tamen interpellat eam possessionem, si antequam constitueretur dotalis fundus, jam cœperat. Plane si paucissimi dies ad perficiendam possessionem superfuerunt, nihil erit quod imputabitur marito. (L. XIV, *de Fundo dotali.*)

125. — Les derniers mots de l'art. 1561, quelle que soit l'époque à laquelle la prescription ait commencé, semblent signifier que la prescription commencera de courir du jour de la possession, fût-il pendant le mariage, avant la séparation de biens; mais ils ont besoin d'être rectifiés. Le législateur a voulu dire que la possession, quoique commencée pendant le mariage, ne deviendrait utile pour la prescription qu'à partir de la séparation de biens, à moins que la possession ne commençât qu'après la séparation de biens, auquel cas la prescription commencera de courir du jour de la possession elle-même.

126. — L'art. 1561, qui déclare que les immeubles dotaux deviennent prescriptibles après la séparation de biens, est une dérogation au principe exprimé dans la première partie de l'article, *que les immeubles dotaux inaliénables sont imprescriptibles;* doit-on dire qu'il modifie en même temps l'art. 1560, portant qu'aucune prescription ne court pendant le mariage contre l'action qu'a la femme pour faire révoquer les aliénations consenties par le mari ou la femme seule, ou tous deux conjointement? Faut-il dire que ces articles s'appliquent à deux hypothèses distinctes? que, dans le premier cas, la séparation courra de la dissolution du mariage; dans le second, du jour de la sépa-

ration de biens? en les interprétant l'un par l'autre, doit-on dire que la séparation de biens rend à la femme toute sa liberté, et que c'est de la séparation, lorsqu'elle a été prononcée, que court toute prescription?

Examinons les deux systèmes.

127. — Lorsque l'immeuble dotal a été aliéné contrairement aux exceptions des articles 1555, 56, 57, 58 et 1559, l'aliénation est annulable, la femme ou ses héritiers peuvent en poursuivre l'annulation. Peu importe qu'elle ait été consentie par le mari seul ou la femme seule, ou tous les deux conjointement; dans tous les cas, l'acquéreur peut être évincé. Lorsque l'aliénation a été consommée par le mari seul, on aurait pu croire qu'elle serait non-seulement annulable, mais nulle comme la vente de la chose d'autrui; cependant comme le mari est investi de pouvoirs très-larges à l'égard des biens dotaux, comme la femme est dépouillée à son profit de presque tous les avantages de la propriété, on peut s'expliquer que bien que la femme soit seule propriétaire, le mari ne soit point cependant traité comme vendeur de la chose d'autrui. Quelques auteurs étendent à trente ans la durée de l'action de la femme, lorsque c'est le mari qui a aliéné; mais n'est-ce point oublier que l'aliénation est annulable et non point nulle? Ne doit-on pas la restreindre à dix ans comme pour les autres actes révocables de l'article 1304 (1560)? Ceci est au reste en dehors de nos matières.

128. — Dans un premier système on distingue soigneusement les art. 1560, 1561. Le premier, dit-on,

suppose une prescription libératoire de l'action en révocation de l'aliénation illégalement consentie ; le second suppose, au contraire, une prescription acquisitive et s'occupe seulement de la prescription qui tend à opérer l'aliénation d'un fonds, légitimée par la possession d'un tiers. Or, dans l'art. 1561, la loi, par le second paragraphe, apporte cette dérogation expresse que la prescription courra après la séparation de biens ; mais dit-elle rien d'analogue en l'art. 1560? C'est pendant toute la durée du mariage, qu'il y ait ou non séparation, que la prescription contre l'action en révocation est suspendue. On ne peut dire que l'hypothèse de la séparation ait échappé au législateur, puisqu'il en parle dans l'article suivant, et quels que soient les antécédents historiques, la clarté de ces deux articles permet d'affirmer que le Code y a dérogé. Le Code, dans un projet primitif, n'admettait aucune prescription après la séparation ; c'est aux sollicitations du Tribunat qu'on doit l'exception de l'art. 1561 : il faut donc la restreindre en ses termes, et reconnaître que celui qui a acheté des époux dotaux un bien inaliénable, et veut par le temps effacer le vice de son acquisition, ne peut prescrire que de la dissolution du mariage, à la différence du tiers qui, tenant la possession de toute personne, ou l'ayant usurpée, y est soumis, selon les termes dérogatoires de l'art. 1561, dès le jour de la séparation.

129. — Dans un second système, le deuxième alinéa de l'art. 1561 se réfère à l'art. 1560, et s'étend

à la prescription libératoire aussi bien qu'à la prescription acquisitive.

On ne peut expliquer le Code en dehors de tous précédents. Si une doctrine a été longtemps et universellement reconnue, nous ne pouvons croire que notre législation y ait dérogé sans le manifester d'une manière précise. Or, lisez les textes romains, où a pris naissance ce système protecteur des droits et de la faiblesse de la femme, Justinien, dans la loi 30, au Code *de Jure dotium*, admet toutes les prescriptions à partir de la séparation de biens. C'est du moment où les femmes peuvent agir qu'il fait courir toutes prescriptions; et la femme peut agir après la séparation, puisqu'elle conquiert la libre administration des biens dotaux, et qu'agir devient pour elle non une faculté, mais un devoir.

Cujas nous dit, en termes exprès, que la femme peut perdre ses actions par prescription du jour de la dissolution du mariage ou du jour de la séparation, lorsqu'elle hérite de l'administration dont le mari n'est plus digne.

De même Brodeau : la prescription ne court point contre elle pendant le mariage, que du jour de la séparation de biens; et encore Dumoulin : *incipit currere annus, etiam vivo marito, a quo emancipata est et statim ad dotem agere potest* (1). On tenait pour constant que l'action en nullité courait du jour de la séparation, qui rendait à la femme l'exercice de ses actions.

(1) Nimes, 13 août 1834. Toulouse, 5 juin 1825.

Les art. 1560, 1561 émettent-ils une autre doctrine? L'art. 1561 distingue-t-il entre telle ou telle prescription, lorsqu'il déclare que les immeubles dotaux deviennent prescriptibles après la séparation de biens? L'art. 1560 déclare que la femme peut agir à partir de cette époque; donc il en faut couclure que de ce moment aussi la prescription courra contre elle, puisqu'elle aura toute liberté pour se défendre. L'art. 2255 suffirait à lui seul pour lever tous les doutes; car c'est à l'art. 1561 qu'il renvoie, et cela pour tous les cas, sans distinction, *à l'égard de l'aliénation d'un fonds constitué sous le régime dotal, conformément à l'art. 1561.*

130. — Ainsi, tout vient confirmer dans le Code l'ensemble si frappant d'une doctrine admise depuis des siècles. Il n'y a pas lieu à créer des catégories avec ces deux articles, qui ne sont que l'interprétation, le complément l'un de l'autre (1).

En règle générale, le fonds dotal est prescriptible pendant le mariage dès que la séparation de biens est prononcée; mais ce principe doit être restreint à de justes limites, car deux autres principes du droit commun viennent en modifier la portée.

131. — 1° La prescription ne court point contre la femme pendant le mariage, même après la séparation de biens, toutes les fois que l'action qui lui appartient réfléchirait contre le mari.

(1) *Contra.* Cass. 1er mai 1847. Cass. 4 juillet 1849 (Dev. 47, 1, 181. — 50, 1, 283). Mais, dans le premier cas, la question se trouvait compliquée d'un défaut d'autorisation, qui a pu, en lui faisant perdre de sa précision, influencer la jurisprudence dont l'unité est le premier but.

Dans le droit romain et l'ancien droit français, des auteurs d'un mérite incontesté pensaient que la séparation de biens permettait à la prescription de courir, quoique l'action de la femme dût réfléchir contre le mari. C'est à cette opinion qu'adhéraient Dumoulin, Brodeau, Serres ; un arrêt du parlement de Toulouse, du 9 septembre 1740, se prononçait en ce sens ; mais la question soulevée de nos jours a rencontré dans la doctrine et la jurisprudence une unanimité presque constante dans le sens contraire.

L'art. 2256 est absolu : il veut que la prescription soit suspendue dans tous les cas où l'action de la femme peut réfléchir contre le mari, et la séparation de biens ne change rien à ce principe.

La séparation de biens donne à la femme la libre administration de sa fortune ; mais ce n'est point par défaut de capacité que la loi a créé cette suspension. C'est à cause des troubles dont elles pourraient être la cause que la loi suspend la prescription pour toutes les actions qui réfléchissent contre le mari. Le jugement de séparation ne touche point aux liens du mariage : la femme n'en doit pas moins être dévouée par le cœur à son mari. Elle reste soumise par la vie commune à tous les reproches, à tous les maux que peut susciter une poursuite dont le mari éprouverait préjudice.

On ne peut dire que celle qui a osé demander une séparation contre son mari soit prête à fouler aux pieds tout respect, toute crainte de la puissance maritale ; car, d'après l'expérience, la séparation naît le plus souvent du consentement réciproque des époux ; et alors même qu'elle est demandée contre le gré du mari, on ne peut dire qu'elle le soit contre son intérêt, car c'est assurer au mari comme aux enfants les secours nécessaires qu'une administration désastreuse allait leur enlever. Rien n'est changé dans les rapports des époux ; et la femme n'aura pas plus de liberté lorsqu'il lui faudra nuire à son mari.

132. On a tenté pour défendre ce système de s'appuyer sur le mot pareillement (1) ; on prétend que lés mêmes exceptions doivent être apportées aux deux art. 2255 et 2256; que, dans l'un comme dans l'autre, la prescription doit être suspendue après la séparation ; mais n'est-ce pas donner une trop grande portée à un mot par lequel le législateur n'a fait que désigner une exception nouvelle dans le même genre? et ces mots *dans tous les cas* ne font-ils pas prévaloir le sens absolu du 2° de l'art. 2256 ?

On ne saurait raisonner par analogie du 1° : nous avons vu que des considérations tout autres voulaient que la prescription courût alors dès le jour de la séparation. Pour prescrire contre un droit résultant d'une option, il fallait que cette option eût lieu, et elle a lieu par la séparation qui opère dissolution de la communauté, comme la dissolution du mariage lui-même.

133. Il y aurait plus de motifs de douter pour la séparation de corps. Il n'y a plus de vie commune entre les époux. La rupture des liens du mariage n'est pas complète ; mais les époux sont désunis, leur désu-

(1) Vazeille.

nion est judiciairement constatée, et il serait peu probable qu'ils gardassent encore quelques ménagements par délicatesse dans leur conduite réciproque. Cependant, comme le texte de la loi dit que la prescription est suspendue pendant le mariage, que ces termes peuvent être entendus d'une manière favorable, je me prononcerais encore pour la suspension. La loi désire que les époux s'apaisant dans leur isolement reviennent à de meilleurs sentiments. Elle encourage les concessions réciproques; doit-elle donc aider à aigrir ceux qu'elle veut rapprocher, en permettant des actions qui doivent perpétuer leurs causes d'inimitié?

134. Ainsi le délai de dix ans pour la prescription de l'action dotale ne court contre la femme séparée qu'autant que l'action n'est pas de nature à réfléchir contre le mari. S'il y a lieu à recours contre le mari, l'action ne court qu'à dater de la dissolution du mariage (1).

135. On peut dire que l'action de la femme est de nature à réfléchir contre le mari dans les cas suivants :

1° Lorsque le mari s'est rendu personnellement garant de la vente faite par la femme de l'immeuble dotal; mais l'autorisation qu'il donne à sa femme séparée de biens ne suffirait, pour le rendre respon-

(1) Cass., 24 juin 1817. Rej., 11 juillet 1826, 18 mai 1830, 17 nov. 1835

Attendu que la disposition de l'art. 2256 est générale; que sans distinguer aucunement si la femme est ou non séparée de biens, elle suspend la prescription pendant le mariage dans tous les cas où l'action de la femme réfléchirait contre le mari, et qu'en effet, même séparée de biens, elle a le plus grand intérêt à ne pas exercer des actions qui, réfléchissant contre son mari, troubleraient l'union conjugale; qu'il résulte des expressions de l'art. 2256 qu'il contient une exception aux art. 1561, 2254.....

sable; il faut, s'il n'y a pas eu garantie formelle, qu'il ait assisté au contrat, qu'il y ait donné son consentement exprès ;

2° Lorsque la vente est faite conjointement par le mari et la femme ; lorsqu'elle a été faite dans l'intérêt du mari, pour l'acquittement de ses dettes personnelles, le mari se rendant par là garant de l'efficacité de la vente ;

3° Lorsque les biens dotaux ont été échangés par les époux, en vertu de la faculté qu'ils s'étaient réservée par le contrat de mariage ;

4° Lorsque les biens dotaux n'étant aliénables que sous condition de remploi, ce remploi n'a pas été effectué.

136. 2° La prescription est suspendue même après la séparation de biens jusqu'à la dissolution du mariage, lorsque l'immeuble dotal a été vendu par la femme seule et sans autorisation.

Comme dans la première exception, nous voyons ici deux causes de suspension concourir en faveur de la femme, l'une à raison de la dotalité, cessant par la séparation de biens, l'autre à raison du défaut d'autorisation, ou d'un recours contre le mari subsistant pendant toute la durée du mariage jusqu'à l'époque de sa dissolution, sans tenir compte de la séparation.

Les termes de l'art. 1304 sont absolus, ne distinguent point. L'action qu'a la femme pour attaquer les actes faits sans autorisation ne court que de la dissolution du mariage. Peu importait, en effet, qu'elle recouvrât la libre administration de ses biens, ne serait-elle pas toujours moralement impuissante à se défendre, n'osant avouer au mari les actes faits au mépris de sa puissance maritale? On a donc dû rejeter la prescription à une époque où elle n'aurait plus à cacher sa faute.

137. Pour trouver des applications du principe général que le fonds dotal est prescriptible après la séparation de biens, il est donc nécessaire d'exclure tous les cas qui touchent aux deux exceptions que nous venons d'étudier. Il faut supposer que le mari a donné l'immeuble dotal, qu'il l'a vendu sans garantie aux risques et périls de l'acheteur, car la femme peut exercer son action sans entraîner recours contre son mari, ou supposer une aliénation faite par la femme seule, mais avec l'autorisation de son mari, ou l'usurpation du fonds dotal par un tiers, ce qui exclut tout recours et toute impuissance morale d'agir, puisque la femme n'a pas agi contre la puissance maritale.

138. Nous avons vu que la prescription ne court pas pendant le mariage à l'égard d'un fonds inaliénable. Faut-il conclure d'après cela que l'immeuble dotal qu'un tiers a commencé de posséder depuis la célébration du mariage, restera imprescriptible tant que le décès de l'absent ne sera pas prouvé?

D'après les termes du Code, on peut dire : l'absence ne dissout pas le mariage, l'absence ne change rien aux conventions matrimoniales. Le mariage subsistant toujours, la prescription ne pourra pas commencer tant qu'on n'aura pas apporté la preuve de sa dissolution. Cependant ce résultat ne semble pas rationnel. En effet, si le fonds dotal, imprescriptible pendant le mariage, devient prescriptible après la séparation de biens, sauf deux exceptions, c'est que l'exercice des actions n'appartient plus au mari, mais à la femme ; que ce n'est plus le mari qui est chargé de veiller aux actes conservatoires, et que la prescription peut courir contre la femme sans injustice, puisqu'elle ne sera plus victime que de sa négligence. Or, la femme dont le mari est absent n'est-elle pas dans la même situation que la femme séparée de biens ? Son premier mouvement sera de prendre en mains ses affaires. Décider autrement, ce serait encourager une négligence pour laquelle on sacrifierait les intérêts des tiers.

Si la femme est absente et que le mari soit présent, même solution ; les héritiers présomptifs ont pu interrompre la prescription après avoir obtenu l'envoi en possession.

DEUXIÈME CHAPITRE.

139. Cette cause de suspension repose sur les rapports existant entre créancier ou propriétaire et débiteur ou possesseur. Elle est fondée sur la protection accordée à certaines personnes contre la négligence de ceux qui sont chargés de veiller à leurs intérêts.

1° 2253. La prescription ne court point entre époux.

2° 2258. La prescription ne court pas contre l'héritier bénéficiaire à l'égard des créances qu'il a contre la succession.

3° Elle court contre la succession vacante, quoique non pourvue d'un curateur.

2259. Elle court encore pendant les trois mois pour faire inventaire et les quarante jours pour délibérer.

140. 1° La prescription ne court pas entre époux. M. Bigot-Préameneu s'exprimait ainsi : « Quant aux « époux, il ne peut y avoir de prescription entre eux. « Il serait contraire à la nature de la société du ma- « riage que les droits de chacun ne fussent pas l'un « à l'égard de l'autre respectés et conservés. L'union « intime qui fait leur bonheur est en même temps si « nécessaire à la société que toute occasion de trou- « ble est écartée par la loi. Il ne peut y avoir de pres- « cription là où il n'y a pas même d'action pour l'in- « terrompre. »

Comment penser, en effet, que deux époux seraient réduits par la loi à se surveiller l'un l'autre ? C'eût été démentir tous ces projets longuement élaborés, d'où l'on écartait toute cause de discorde. Le mari est presque toujours l'administrateur des biens de la femme, et alors qu'elle a l'administration de ses biens, la femme est encore sous la puissance du mari. Ne se doivent-ils pas protection, assistance ? Il n'est pas vrai de dire qu'elle soit réellement empêchée d'agir contre son mari, car on ne pourrait s'opposer à son action si elle voulait l'intenter; mais la loi n'a pas voulu la mettre dans la nécessité d'agir judiciairement à cause de la dépendance où elle se trouve (1).

Au surplus, les époux ne peuvent se faire, pendant le mariage, des donations irrévocables (1096). Quelle que soit la forme qu'ils y emploient, la loi veut qu'ils restent toujours maîtres de dépouiller celui qui démériterait de la confiance de son conjoint. Elle voit une cause d'entente dans cette espérance de rémunération. Or, si la prescription était possible pendant le mariage, les dispositions de la loi ne seraient-elles pas chaque jour éludées? Les aliénations même tacites sont irrévocables. L'article 1099 dit que les époux ne peuvent se donner indirectement au delà de ce qui leur est permis; en laissant accomplir la prescription, ne créeraient-ils point des avantages indirects, dont l'appréciation pourrait échapper au juge ou donnerait lieu à de fréquentes récriminations?

141. C'est pendant toute la durée du mariage que la prescription est suspendue; qu'il y ait ou non séparation de biens, la qualité d'époux subsiste toujours; et même après la séparation de biens, la femme ne peut aliéner sans l'autorisation de son mari, et ne peut lui vendre ses immeubles ni les lui abandonner en payement, que par exception dans les cas prévus par la loi (1595), à plus forte raison les lui laisser prescrire.

142. Lorsque la prescription aura commencé avant le mariage, il n'y aura pas seulement suspension entre époux, mais le plus souvent interruption de la prescription; car le contrat de mariage, en énumérant

(1) M. Bugnet sur Pothier, t. II, 375.

les apports de la femme, constituera pour le mari une sorte de reconnaissance qui empêchera en sa personne toute possession utile, puisqu'il ne serait plus qu'un détenteur précaire possédant pour le compte de la femme.

143. Par exception, la prescription court entre époux dans deux cas de prescription abrégée.

1° Art. 1663. Le délai (pendant lequel on s'est réservé de prendre la chose vendue moyennant la restitution du prix principal, des frais et loyaux coûts du contrat, les réparations nécessaires....) court contre toutes personnes, même le mineur.

2° Art. 1676. La demande en rescision d'une vente pour cause de lésion n'est plus recevable après l'expiration de deux années, à compter du jour de la vente.

Supposons qu'un homme a vendu à une femme des immeubles à un prix inférieur aux sept douzièmes de leur valeur réelle ; que cet homme et cette femme se marient : le mari ne pourra prétendre que la prescription a été suspendue à son égard, et les héritiers de la femme pourront le repousser par l'exception de prescription ; car les termes de l'art. **1676** sont formels, et constituent bien une dérogation à **2256.** Il en serait de même pour le cas de vente avec clause de réméré.

144. Lorsqu'un époux présent, marié sous le régime de la communauté, opte pour la dissolution privisoire de la communauté (**124**), tous les intéressés exercent leurs droits subordonnés à la condition de décès de l'absent ; mais le mariage n'est point dissous. Selon les termes rigoureux de l'art. 2253, on devrait donc dire que la prescription reste suspendue. Mais si l'on ne reçoit point de nouvelles de l'époux, n'est-ce pas prolonger indéfiniment cette suspension? Il me semble qu'en s'attachant à l'esprit de la loi on pourrait sans injustice faire cesser la prescription. Vis-à-vis de la femme ou du mari, il n'y a plus que des envoyés en possession provisoire : il n'est plus question de bienveillance maritale, la communauté est partagée. Les héritiers présomptifs s'emparent de la succession de l'absent comme s'il était mort ; ne serait-il pas plus logique que la prescription cessât provisoirement d'être suspendue, sauf à appliquer l'art. 2253, si l'absent reparaît?

145. 2° La prescription ne court pas contre l'héritier bénéficiaire, à l'égard des créances qu'il a contre la succession, dit l'art. 2258 ; mais cet article est incomplet, et l'on doit dire d'une manière générale que la prescription est suspendue entre une succession et l'héritier qui l'a acceptée bénéficiairement.

L'effet du bénéfice d'inventaire est de conserver à l'héritier ses droits contre la succession ; la succession ne peut donc pas prescrire contre lui, et elle le peut d'autant moins, dit Pothier, que c'est lui qui la détient, qui exerce les actions qui en dépendent ; et s'il fait les affaires des autres on ne peut supposer qu'il veuille négliger les siennes.

Pothier ajoute qu'il ne pourrait point agir contre lui-même : *Contra non valentem agere non currit præscriptio* : mais cela est moins vrai, car il peut très-bien faire valoir ses droits, soit contre ses cohéritiers, soit contre un curateur nommé *ad hoc*. Si la prescription ne court point, c'est qu'ayant la possession des biens de l'hérédité qui forment son gage, il jouit pour lui-même, et n'a pas d'intérêt à agir.

Ainsi la prescription ne court point contre l'héritier à l'égard de ses créances sur la succession. La prescription, en effet, repose sur l'inaction motivée par l'abandon d'un droit, ou une négligence punissable, ou sur une présomption de payement; or, on ne peut rien imputer d'analogue à l'héritier bénéficiaire.

146. Quant à la prescription acquisitive, le Code a sagement distingué en limitant aux créances de l'héritier la suspension de la prescription ; car si l'héritier bénéficiaire possède comme bien de la succession un bien que le défunt avait commencé à posséder contre lui, la circonstance même que le bien a été possédé par le propriétaire, *sed non domini animo*, à titre de mandataire de la succession, ne peut qu'être favorable à l'hérédité.

147. Pour ce qui est de la prescription, soit acquisitive, soit libératoire, dont l'héritier bénéficiaire prétendrait s'autoriser contre la succession, notre article, et nous avons accusé son inexactitude, n'en fait point mention. Peut-être l'a-t-il jugé superflu, tant il est naturel que celui qui a mission d'administrer un patrimoine, de prendre toutes mesures conservatoires, que celui qui serait responsable d'une prescription accomplie par sa faute, ne puisse faire tourner sa négligence à son avantage : *Nemo ex suo delicto meliorem suam conditionem facere potest.*

148. Tant que l'héritier n'a pas accepté sous bénéfice d'inventaire, la prescription court contre lui à l'égard des créances qu'il a sur la succession. Son acceptation bénéficiaire n'a pas l'effet de détruire la prescription qui a pu être acquise dans l'intervalle de l'ouverture de la succession à cette acceptation. Il est bien vrai que l'acceptation fait que l'héritier est censé avoir toujours été héritier, qu'il soit pur et simple, ou bénéficiaire; mais la confusion des qualités de créancier et d'héritier ne commence qu'au moment même de l'acceptation bénéficiaire, et la prescription court contre lui tant qu'il n'a pas pris la position favorable de l'art. 2258. Le rapprochement des articles suivants doit à lui seul en convaincre. La loi ne dit-elle pas que la prescription court contre une succession vacante, même pendant les délais pour faire inventaire et délibérer?

149. Au surplus, la prescription n'est suspendue qu'entre l'héritier bénéficiaire et la succession; elle continue de courir entre l'héritier bénéficiaire et son cohéritier. Un homme meurt laissant trois héritiers dont l'un créancier de 900 fr. contre la succession. La dette se partage selon les parts héréditaires entre les héritiers. Si celui qui est créancier accepte sous bénéfice d'inventaire, la prescription sera bien suspendue pour la portion qui lui est échue dans la succession, mais elle ne le sera point quant aux autres, dont sont chargés ses cohéritiers. Il n'est à leur égard ni

administrateur, ni possesseur; il ne peut jouir du même bénéfice (1).

150. La suspension dans les trois hypothèses où nous venons de l'étudier, n'est pas restreinte à l'héritier bénéficiaire ; il faut assujettir aux mêmes règles tout administrateur légal du patrimoine d'une personne et cette personne.

Ainsi, entre le curateur à une succession vacante et cette succession, les motifs de suspension sont les mêmes : le curateur administrateur de la succession ne peut prétendre à aucune prescription contre la succession qu'il doit protéger; mais cette succession ne peut prétendre se libérer envers lui, par prescription, tant que durera son mandat d'administration. De même entre le tuteur et le pupille, entre le tuteur de l'interdit et l'interdit; entre le père administrateur légal et son enfant; entre l'envoyé en possession provisoire des biens d'un absent et cet absent.

Il est évident que cette règle, n'existât-elle pas, la prescription serait encore suspendue à l'égard du mineur contre le tuteur ou le père, comme elle l'est contre toute personne; mais, aux termes de l'art. 2278, cette suspension ne s'étendrait qu'aux longues prescriptions, tandis que par l'art. 2258, selon notre interprétation, les prescriptions les plus abrégées seront ainsi suspendues : car c'est à l'égard de toutes prescriptions qu'existe la responsabilité de l'administrateur. De même, il ne pourrait y avoir prescription des droits dus à une commune, par un particulier qui est

(1) M. Troplong, n° 805. *Contra*, Vazeille, n° 306.

dans l'intervalle nommé maire de cette commune. Il serait difficile de concevoir que celui qui doit défendre ses intérêts, abusât de son crédit et du pouvoir dont l'investissaient ses fonctions pour s'enrichir à ses dépens.

151. 3° Elle court contre la succession vacante, quoique non pourvue de curateur.

Dans l'ancien droit, on avait mis en question si la prescription pouvait courir contre une succession vacante, avant qu'elle fût pourvue d'un curateur. Encore Pothier regardait-il l'affirmative comme indubitable, car les créanciers de cette succession, qui ont intérêt à la conservation de ses droits, sont à portée de faire nommer un curateur, et ne peuvent invoquer la règle *contra non valentem.*

152. Mais jamais on a contesté que la prescription ne pût courir contre une succession abandonnée, pourvue d'un curateur.

153. Court-elle également au profit de la succession en toutes circonstances? Peut-elle achever, en tant que succession vacante, de prescrire la libération d'une dette commencée par le défunt ?

On objecte que la succession est pourvue d'un curateur par les créanciers, que celui-ci doit administrer dans leur intérêt, et ne peut prescrire contre eux. Ce serait vrai si la succession était le patrimoine des créanciers; mais le curateur est nommé par les créanciers pour les héritiers qui pourraient se présenter ; les créanciers n'ont pas plus de droit qu'avant la mort de leur débiteur. S'il est nommé par eux plutôt que par les autres, c'est qu'ils sont les mieux renseignés, les plus intéressés à faire un bon choix. Mais la succession forme un être moral qui continue la personne du défunt. Elle peut prescrire contre eux, comme ils peuvent prescrire contre elle.

Le seul objet de cet article était de faire cesser les doutes pour le cas où la succession ne serait pas pourvue d'un curateur.

154. Si une succession régulièrement répudiée au nom d'un mineur vient à être reprise par lui, les tiers débiteurs de la succession, ou détenteurs de biens héréditaires pendant le temps qui s'est écoulé entre la répudiation et la reprise de la succession, ont-ils pu prescrire, ou la prescription est-elle suspendue?

155. On dit pour l'affirmative : 1° la prescription ne court point contre les mineurs. Or le mineur qui reprend la succession répudiée est reputé avoir toujours été héritier, en vertu de l'art. 777, fait spécialement pour cette hypothèse, puisqu'il n'y avait aucun besoin de déclarer que celui qui n'aurait jamais cessé d'être héritier serait réputé avoir toujours été héritier.

Donc la prescription doit avoir été suspendue à son égard.

2° Les articles 462 et 790, placés l'un au titre de la tutelle, l'autre au titre des successions parlent, le premier de la reprise de la succession par un mineur, le second de celle par un majeur : *de eo quod plerumque fit*. Or, il y a dissemblance dans la rédaction : n'est-ce pas un indice de la portée différente de ces deux articles ?

Art. 462. «.... Elle sera reprise dans l'état où elle se trouvera, et sans pouvoir attaquer les ventes et autres actes qui auraient été légalement faits durant la vacance. »

Art. 770. « Tant que la *prescription* du droit d'accepter n'est pas acquise...... sans préjudice néanmoins des droits qui peuvent être acquis à des tiers sur les biens de la succession, soit *par prescription*, soit par actes valablement faits avec le curateur à la succession vacante. »

D'une part, il est question de la prescription du droit d'accepter, des droits acquis à des tiers par prescription ; de l'autre, pas un mot de la prescription.

Donc la prescription ne court point contre le mineur, soit pour le droit d'accepter, soit pour les droits acquis par prescription : est-il rien de plus conforme au principe?

S'il est dit que le mineur, soit par son tuteur dûment autorisé, soit par lui-même s'il est majeur, ne pourra reprendre la succession que dans l'état où elle se trouvera lors de ladite reprise, c'est qu'il était nécessaire de trancher les doutes qui auraient pu s'élever sur les actes faits avec le curateur. L'art. 777 déclarant que l'acceptation remonte au jour de l'ouverture de la succession, n'était-il pas possible de croire qu'il n'y avait point eu vacance de la succession ; que par suite de cette fiction rétroactive aucun acte, même ceux de vente, ne pouvait être valable?

3° Et cette solution est aussi conforme à la loi qu'à l'équité. Pouvait-on moins protéger le mineur pour des biens abandonnés que pour ceux où il était défendu par son tuteur?

156. On objecte qu'aux termes de l'art. 785, l'héritier qui renonce est censé n'avoir jamais été héritier; qu'il y a eu vacance de la succession par suite de la renonciation du mineur; qu'un curateur a été nommé à cette succession ayant qualité pour tous actes; que les tiers ont dû traiter avec lui en toute sécurité; que la prescription court contre une succession vacante; que ce dernier effet n'est pas moins valable que tous autres actes régulièrement faits avec le curateur; que le mineur ne peut, par sa reprise, enlever des droits acquis; que les termes de l'art. 462, *reprendre dans l'état où elle se trouve,* sont formels; enfin, que les biens de la succession vacante n'ont pas droit à protection, puisqu'ils n'étaient plus sous la tutelle (1).

Mais je crois qu'il y a là une confusion de principes. Je ne conteste pas qu'il y a eu vacance de la succession, malgré l'effet rétroactif de la reprise; nous avons déjà dit que les mots : reprendre en l'état où elle se trouve, avaient pour but de lever ce doute; je ne conteste pas que la prescription courre contre une succession vacante même non pourvue d'un tuteur; mais cela, en thèse générale, lorsqu'il s'agit d'un majeur. Que si la reprise est le fait d'un mineur, on ne peut empêcher l'intervention de l'art. 2252. La

(1) M. Duranton, 6, 508. Demolombe, 7, 710.

vacance ne suspend pas la prescription, mais elle ne peut empêcher la suspension pour une autre cause, pour minorité ou pour interdiction (1).

157. Les trois mois pour faire inventaire et les quarante jours pour délibérer ne suspendent pas la prescription.

L'exception dilatoire de l'art. **174** n'a qu'un effet suspensif qui ne préjuge point de la validité de l'action. Malgré la surséance accordée aux héritiers présomptifs, bien que la loi ait présumé elle-même qu'un délai leur était nécessaire pour prendre connaissance de leurs biens et droits, le législateur n'a pas conclu de la nécessité de délibérer à celle d'une suspension de la prescription, puisque pendant ce temps l'héritier peut faire toutes mesures conservatrices sans prendre qualité.

158. Il n'y a plus aucune différence entre la prescription contre les créanciers ou celle contre la succession vacante. Dans les deux hypothèses, la défense est possible; il n'y a pas lieu d'appliquer la règle *contra non valentem.* L'ordonnance de 1667 a dérogé à la loi 22 du Code *de Jure deliberandi,* qui défendait d'intenter action contre l'héritier délibérant.

159. La prescription d'un immeuble dotal court entre les mains du tiers détenteur du jour même de la dissolution du mariage ; l'on ne tient aucun compte de l'année accordée au mari pour la restitution.

(1) On cite à tort contre cette opinion deux arrêts de Montpellier et de Limoges; l'un ne parle que de ventes faites avec le curateur, l'autre d'une simple application de l'art. 2259 sans intervention de mineur.

TROISIÈME CHAPITRE.

160. Nous arrivons à la troisième et dernière classe de suspension, celle qui repose sur le défaut d'intérêt, sur la modalité de la créance.

Art. 2257. La prescription ne court point à l'égard d'une créance qui dépend d'une condition, jusqu'à ce que la condition arrive;

A l'égard d'une action en garantie, jusqu'à ce que l'éviction arrive;

A l'égard d'une créance à jour fixe jusqu'à ce que ce jour fût arrivé.

161. L'article semble dire que trois circonstances motivent la suspension; mais elles doivent être réduites à deux, la condition et le terme; car qu'est-ce qu'une action en garantie, si ce n'est une action conditionnelle, qui ne peut être exercée qu'au cas où l'éviction aurait lieu?

1° La prescription ne court point à l'égard d'une créance qui dépend d'une condition, jusqu'à ce que la condition arrive; à l'égard d'une condition en garantie, jusqu'à ce que l'éviction ait lieu.

162. Tant qu'une action n'est pas née, il est difficile de comprendre qu'on puisse vous reprocher de n'avoir point agi, puisque la loi elle-même vous empêche d'agir. On ne peut supposer de renonciation de payement que pour un droit qui existe; or, le droit n'existe pas.

Cette règle nous vient des Romains :

Illud autem plus quam manifestum est, quod in omnibus contractibus in quibus sub aliqua conditione vel sub die certa vel incerta, stipulationes vel pacta ponuntur; post conditionis exitum vel post institutæ diei certæ vel incertæ lapsum, præscriptiones initium accipiunt. (7. l. Code *de Præscrip.*)

D'autres lois établissent encore qu'on ne peut opérer contre quelqu'un tant qu'il n'a pu agir : *Apertissima definitione sancimus nullam temporalem actionem opponi, nisi ex quo actionem movere potuerant. Qui enim incusare eos potuerit, si hoc non fecerint, quod minime adimplere valebant?* (Extrait de la loi 1, § 2. Cod. *de Annali exceptione*.)

163. La prescription ne peut commencer contre une créance, que lorsque la condition s'effaçant, elle devient pure et simple. Les exemples ne manquent pas dans notre droit; les droits et gains nuptiaux dépendant de la condition de survie, les conditions résolutoires des donations, les donations sous clause de retour. Mais il ne peut être ici question que de la condition suspensive; c'est la seule qui porte sur l'existence de l'obligation. La créance sous condition résolutoire est une créance pure et simple, qui produit dès à présent tous ses effets, pour l'exécution de laquelle on peut agir, et c'est sa résolution seule qui est affectée d'une condition.

164. — Il faut que le droit soit ouvert pour qu'il y

ait devoir de l'exercer. D'après ces principes, lorsque j'ai un droit de servitude contre mon voisin pour l'empêcher de construire, je suppose, la prescription ne courra contre moi que du jour où il aura fait un acte contraire à la servitude. Pour que je réclame, il faut que mon droit ait été violé ; mon silence ne prouverait rien contre moi jusqu'à l'usurpation tentée par mon voisin. Je ne pouvais me plaindre tant que j'avais jouissance paisible de mon droit.

165.— Un arrêt du parlement de Paris, du 16 juillet 1664, a décidé que la prescription pouvait être invoquée lorsque trente ans s'étaient écoulés depuis le jour du contrat de vente d'un immeuble, bien que le vendeur eût stipulé que dans le cas de revente lui ou les siens auraient préférence pour le racheter moyennant somme convenue. Cet arrêt, rapporté par Henry et Bretonnier, fut, selon leur opinion, motivé par des circonstances exceptionnelles. Il est, en effet, contraire aux principes. Pour se faire adjuger, par préférence, l'immeuble en cas de revente, ne fallait-il pas au moins que l'immeuble fût revendu? Pouvaient-ils proposer de reprendre l'immeuble avant que la condition fût réalisée?

166. — Lorsqu'une servitude de marronage a été constituée à votre profit, cette servitude consiste à prendre du bois dans une forêt pour les réparations des bâtiments au fur et à mesure des besoins de l'usager, la prescription court-elle du jour de la dernière délivrance, ou seulement du moment où le besoin de réparations existant, l'usager a négligé d'exercer ses droits?

Quelques auteurs et un arrêt de la Cour de Caen (1) soutiennent cette dernière opinion. Pour eux, le droit de marronage est un droit conditionnel, soumis à cette condition, *prendre du bois s'il y a besoin.* Le besoin de prendre du bois est la condition nécessaire pour l'existence du droit, ils en concluent que tant que ce besoin n'est pas né, la prescription ne peut courir contre l'usager non recevable en sa demande en délivrance. Il s'appuient des termes de l'art. 2257. Pour qu'il y ait prescription, ils exigent donc que trente ans se soient écoulés depuis que l'usager a eu des besoins, soit qu'il n'ait point usé des bois du fonds servant, soit qu'il ait usé d'autres bois.

Mais je ne puis croire que cette opinion soit légale. L'art. 2257 dit à la vérité que la prescription ne court point contre un droit conditionnel jusqu'à l'arrivée de la condition, mais le marronage est-il bien une créance conditionnelle? L'obligation est conditionnelle (1168) lorsqu'on la fait dépendre d'un événement futur et incertain. Or, si l'obligation de fournir des bois est future, on ne peut dire qu'elle soit incertaine. Il est de la nature des bâtiments de ne pouvoir rester longtemps sans être réparés. On ne peut dire davantage que ce soit du besoin de réparation que dépende l'existence du droit de marronage. Il existe indépendamment de tout besoin. Ce qu'il y a d'incertain, c'est la quantité due et non la dette elle-même. Ces mots, s'il y a besoin, touchent au mode du droit, mais non à sa modalité. Il n'y a donc pas lieu d'appliquer l'art. 2257.

(1) 8 fév. 1843, M. Troplong, 789. Vazeille.

On ne trouve point dans le marronage les caractères d'une obligation conditionnelle.

On ne peut dire qu'il soit dans l'impossibilité d'agir, car l'usager aura toujours le droit de se faire donner un titre recognitif (2263), et d'agir en justice à fin d'interruption, et l'on ne peut dire que ce soit lui imposer une obligation exorbitante, car il est impossible en fait qu'une maison reste trente ans sans avoir besoin de réparations. Ce serait presque rendre le marronage imprescriptible.

Au surplus, les termes de l'art. 706 et 707 sont formels, la servitude est éteinte par le non usage pendant trente ans; et c'est du jour où l'on a cessé de jouir que la prescription court pour les servitudes discontinues sans aucune distinction. N'y trouve-t-on pas les deux conditions exigées pour la prescription : abdication présumée d'un droit que l'usager a négligé, et possession de liberté continue par le propriétaire du fonds servant? les droits facultatifs, bien qu'imprescriptibles de leur nature, peuvent cependant se perdre par la prescription, lorsqu'il y a contradiction.

Il serait en outre contraire à toute doctrine que ce fût au propriétaire de prouver l'existence des besoins (1).

167. La prescription ne court pas à l'égard d'une action en garantie, jusqu'à ce que l'éviction ait eu lieu : c'est une conséquence du principe posé dans le paragraphe premier.

(1) Cass., 2 mars 1836. Rej., 11 juillet 1838. Cass., 6 fév. 1839. (Dev., 36, 1, 242. — 38, 1, 321. — 39, 1, 208.)

168. L'action en garantie est celle par laquelle l'acheteur auquel il n'a pas été procuré une possession paisible et utile recourt à une indemnité contre son vendeur.

La loi romaine la déclarait imprescriptible : *Empti actio longi temporis præscriptione non submovetur, licet post multa spatia rem evictam emptori fuerit comprobatam* (C. 21, *de Evictionibus*); mais avec les exceptions consacrées par le Code civil, tant qu'on jouit paisiblement il n'y a pas lieu à garantie ; le silence n'implique pas renonciation à un droit, puisque ce droit n'existe point. De même, tant qu'il n'y a pas eu de jugement de condamnation contre le garantissant, lors même que la demande serait déjà intentée, parce que le résultat en est incertain. Il faut que l'éviction soit consommée pour que la prescription de cette action commence.

169. La prescription de l'action en garantie d'un acquéreur évincé d'abord par voie de fait, puis par décision judiciaire court non pas seulement à partir du jugement qui prononce l'éviction, mais à partir du trouble de fait, joint au trouble de droit résultant de la demande en justice ; car c'est à partir de cette époque qu'il avait intérêt et droit pour actionner le vendeur en réparation du dommage causé. La dépossession et la demande contradictoire simultanées donnent utilité à l'action en garantie, avant même que l'éviction soit prononcée. Or, Pothier entendait déjà la règle de l'art. 2257, en ce sens que la prescription courait contre l'évincé, du moment où il avait intérêt d'agir.

170. La prescription de l'action en responsabilité contre un notaire à raison de la nullité d'une donation par lui reçue et nulle par sa faute, ne court que du jour où la donation a été déclarée nulle. Jusque-là il n'y avait pas intérêt d'agir, la nullité étant inconnue ou incertaine.

171. 2° La prescription ne court point à l'égard d'une créance à terme, jusqu'à ce que le terme soit échu (2267, 3°).

Il n'y a aucun doute lorsque l'échéance du terme est incertaine, parce que le jour incertain est assimilé à une condition : *Dies incertus pro conditione habetur*.

La même chose a lieu sans difficulté, dit Merlin, quand le terme est certain, et qu'il s'agit d'une prescription opposée par celui avec qui l'on a contracté. Par exemple, en vous vendant une maison, je vous ai accordé trente et un ans pour m'en payer le prix ; mon action contre vous ne se prescrira par trente ans que du jour de l'exigibilité du payement. Il en faut dire autant sous le Code, qui le déclare expressément.

172. Le dernier jour du terme appartient en entier au débiteur; ce n'est qu'à partir du commencement du jour suivant que court la prescription.

173. Si la dette est payable en plusieurs termes, la prescription court pour chaque portion de créance à son échéance propre. Si un père a promis à sa fille une dot payable en trois termes égaux, d'année en année, ce n'est pas du jour du contrat de mariage que courra la prescription, mais de l'échéance de chacune des

dettes; car c'est de ce moment que le gendre aura action pour le payement de la dot promise. On ne peut dire non plus que le commencement de la prescription soit à la date de l'échéance du dernier terme, car c'est comme s'il y avait autant de dettes distinctes. Il y aura autant de points de départ que de termes, puisque c'est à partir de ces époques qu'il y aura possibilité et intérêt d'agir. (Erreur du parlement de Toulouse, le 21 fév. 1671, relevée par Merlin.)

174. Ainsi la condition et le terme suspendent la prescription. Ce n'est pas parce qu'avant l'arrivée de la condition ou du terme il y a impossibilité d'agir; on ne peut y voir une application de la règle *contra non valentem*, car l'art. 1180 permet aux créanciers conditionnels de prendre toutes mesures conservatoires. Ils peuvent exiger un acte recognitif, assigner en reconnaissance. La cause de la suspension *pendente die* résulte de l'absence des éléments de la présomption constitutive de la prescription. Dans l'intérêt général, on suppose que celui qui n'a point agi pendant trente ans a été payé, ou reconnaît l'illégitimité de son droit, ou en fait l'abandon, ou se montre coupable d'une négligence répréhensible; or, peut-on présumer qu'il a été payé celui qui n'a point agi uniquement, parce qu'il ne lui était encore rien dû? Peut-on lui reprocher son inaction à celui à qui elle était imposée par la loi elle-même?

175. Nous venons de voir combien l'art. 2257 est juste, lorsqu'il s'applique aux créances : il ne doit pas en être de même entre les mains d'un tiers détenteur, lors-

que l'immeuble est affecté d'un droit réel conditionnel. Ainsi le créancier hypothécaire sous condition n'a pas à craindre que le débiteur prescrive contre lui l'hypothèque donnée; le créancier hypothécaire n'est soumis à la prescription que du jour où il a droit d'exercer son gage; mais cette règle doit-elle s'appliquer seulement entre les contractants? ne concerne-t-elle pas les tiers détenteurs? celui qui possède à fin de prescription prescrit-il l'immeuble libre de toute charge, alors même qu'il est affecté d'une hypothèque sous condition?

Dans le droit romain, la prescription d'un droit conditionnel était suspendue à l'égard des tiers. Justinien, dans la loi 3, § 3, Comm. *de Legatis*, déclare, à l'égard du legs et du fidéicommis, que : « *Sin autem sub conditione vel sub incerta die relictum legatum vel fideicommissum, melius quidem faciet hæres, si in his casibus caveat ab omni venditione vel hypotheca, ne si gravioribus oneribus evictionis nomine supponat. Sin autem avaritiæ cupidine propter spem conditionis minime implendæ ad venditionem vel hypothecam prosiluerit, sciat, quod, conditione impleta, ab initio causa in irritum devocetur; et sic intelligenda et quasi nec scripta nec penitus fuerit celebrata; ut nec usucapio nec longi temporis præscriptio contra legatarium vel fideicommissarium procedat.*

176. Notre droit français a-t-il hérité de cette doctrine? Quant à l'hypothèque, garantie d'une créance conditionnelle, il ne peut exister de doute, malgré les termes du droit romain; les pays même de droit écrit

avaient cru devoir y déroger. Quel en était le motif?

Justinien, dans la Novelle 4, avait voulu qu'on ne pût s'adresser au tiers détenteur qu'après avoir préalablement discuté les biens du débiteur principal et de ses garants. Il y avait là un très-grand inconvénient : le tiers détenteur de bonne foi, et possédant à un juste titre, prescrivait par dix et vingt ans ; or, le débiteur ne prescrivait que par trente ans : il pouvait arriver que le créancier fût repoussé par l'exception de prescription, alors que l'insolvabilité de son débiteur rendait le recours nécessaire.

Les jurisconsultes avaient cru y obvier en soutenant que le tiers détenteur n'étant tenu que conditionnellement, ne pouvait prescrire qu'à dater de la réalisation de la condition, c'est-à-dire de l'insolvabilité du débiteur, mais c'était rendre presque impossible la prescription de l'hypothèque.

Aussi, d'autres jurisconsultes voulaient-ils que le tiers débiteur commençât à prescrire du jour du contrat; c'était tomber dans un autre mal, priver le créancier de son action, avant que le besoin de s'en servir fût arrivé.

C'est frappés de ces difficultés que nos anciens légistes imaginèrent l'action en interruption. Elle permettait, sans attendre la discussion du débiteur principal ou des cautions, lors même que la dette n'était pas exigible, d'agir à ce que l'immeuble fût déclaré affecté à la dette. On exigeait du débiteur une reconnaissance de l'hypothèque, ce qui constituait une interruption de la prescription, ou, à défaut de reconnaissance volontaire, on assignait en reconnaissance judiciaire d'hypothèque. Dès lors, il était possible de devancer le terme ou la condition, et comme il était possible d'agir, il n'y avait plus lieu à suspension de la prescription.

177. — Mais cette possibilité d'agir ne peut avoir les mêmes effets sur les créances, parce que là deux causes de suspension se réunissent, et que la facilité d'agir qui lève l'une laisse cependant subsister l'autre. Tant que la condition n'est pas réalisée, je ne puis prescrire contre celui envers qui je suis engagé ; c'est mon contrat qui me lie. Pour les droits réels, au contraire, celui qui possède, possède contre tous; qu'ils aient ou non des droits conditionnels, il prétend acquérir la pleine propriété. Ceux qui voudront agir pourront se défendre, prendre des mesures conservatoires. Il n'y a qu'une cause de suspension, et, en ce cas, l'action en interruption lève l'obstacle.

Aussi l'on voit dans Loyseau (sect. II, n°s 13 et 16) qu'il en était ainsi alors même que le droit réel n'existait que comme accessoire d'une créance. « Nous l'a-
« vons étendue à toutes dettes hypothécaires qui ne
« sont pas exigibles, et, en France, cet inconvénient
« cesse à cause de cette action, dont ceux qui ont hy-
« pothèque se peuvent aider à temps ; ils sont inexcu-
« sables s'ils laissent prescrire l'hypothèque. »

178. — M. Vazeille combat cette opinion. Il pense que l'action en déclaration d'hypothèque n'a pas passé dans notre droit. Qu'importe, ajoute-t-il, que la convention qui établit la créance en suspens n'ait pas été faite avec l'acquéreur des fonds hypothéqués, elle a été faite avec son vendeur, qu'il représente à titre particulier ; mais cette réflexion ne saurait prévaloir contre les termes formels de l'art. 2257 qui ne s'occupe que des créances.

Cette théorie amène quelquefois des résultats étranges ; ainsi une hypothèque a-t-elle été donnée pour garantie d'une créance conditionnelle, tant que l'immeuble reste aux mains du débiteur, la prescription de l'hypothèque ne peut commencer, si la condition ne s'est réalisée ; mais que le débiteur aliène l'immeuble, et le tiers possesseur prescrira à fin d'affranchissement d'hypothèque.

179. — Peut-on étendre la règle que la prescription court contre l'hypothèque conditionnelle à tous les droits réels affectant un immeuble ?

A l'égard des biens grevés d'une substitution, le droit romain résolvait la question contre les tiers détenteurs ; mais dans notre ancien droit, des esprits éminents avaient défendu l'opinion contraire que nous avons soutenue plus haut. Qu'il nous suffise de rappeler ici que l'art. 2257 ne parle que d'une créance conditionnelle, et que ce serait violer son esprit que de l'appliquer à un droit réel.

Quant au légataire conditionnel d'un immeuble, je ne vois aucune raison de ne point le régir par nos principes, et je pense aussi que le tiers détenteur d'un immeuble donné sous condition résolutoire, en cas d'inexécution des charges, peut prescrire à compter de la date de son acquisition contre le donateur. Que le donateur fasse des actes conservatoires, il peut agir, il n'y a pas lieu de le protéger, puisqu'il peut se protéger lui-même, et les tiers ne doivent pas souffrir de clauses qu'ils peuvent ne pas connaître.

180. — L'art. 954 décide que le donateur agissant en résolution aura contre les tiers les mêmes droits que contre le donateur lui-même; mais il est probable qu'il ne parlait point alors de la prescription, mais seulement des actions pour faire rentrer l'immeuble. L'article 966 rend cette doctrine plus certaine. Il dit que le donataire ne pourrait opposer la prescription pour faire valoir la donation révoquée par survenance d'enfants, qu'après trente ans, qui commenceront du jour de la naissance du dernier enfant du donateur, même posthume. N'est-ce pas une exception évidente? et dans tous les autres cas il faudra revenir aux principes généraux. Or, par exception, la prescription ne court pas du jour même de la donation, donc, en principe, c'est de ce jour qu'elle devra courir.

181. —Il est bien essentiel de ne pas faire de notre article des applications qui découlent d'autres règles. S'il est vrai que la prescription n'est suspendue qu'à l'égard des créances conditionnelles, et court contre les tiers détenteurs, il ne faudrait pas confondre les droits éventuels avec les droits conditionnels.

On paraît disposé à cette confusion par le peu d'importance qu'il y a le plus souvent à les distinguer; cependant autres sont les droits dépendant d'un événement futur et incertain et les droits présomptifs, les espérances.

Le droit conditionnel a une certaine existence. Il ne donne pas lieu à l'ouverture d'un droit, mais que la condition vienne à se réaliser, il existait si bien un droit, qu'elle a un effet rétroactif jusqu'au jour du contrat, comme si elle s'était produite simultanément avec lui. Je vous vends ma maison sous condition, la condition se réalisant, c'est ma maison telle qu elle était lors de la vente que je suis tenu de vous livrer. Au contraire, je vous lègue une maison, c'est là un droit éventuel, qui n'a aucune espèce d'effet, et ce n'est qu'au décès, et telle qu'elle se comportera au jour du décès, sans aucune rétroactivité, que vous aurez le droit de demander la délivrance de la maison.

Si les droits conditionnels sont prescriptibles contre les tiers détenteurs, c'est que le créancier a pu agir contre le débiteur en reconnaissance d'hypothèque; si le légataire, le substitué ont pu agir de la même manière, c'est parce les droits conditionnels existent, tandis que les espérances de droit n'ouvrent aucune action, et s'il n'y a pas d'action, c'est qu'il n'y a pas de droit. La prescription est un mode de libération : pour se libérer d'une obligation, il faut que cette obligation existe. Il n'y a pas lieu à suspension, parce que la chose ne donne pas lieu à la prescription, et ce n'est pas une exception à la prescriptibilité des droits, parce que le droit éventuel n'est pas un droit, à proprement parler, et que les droits seuls sont prescriptibles.

Parmi les droits éventuels, on peut citer le droit de faire réduire une donation excédant la quotité disponible, droit que l'on ne peut apprécier qu'au décès du donateur, qui, jusqu'à cette époque, est éventuel. Ce n'est qu'à dater de cette époque que les héritiers présomptifs pourront critiquer les aliénations faites par le donataire; jusque-là, il est incertain qu'ils aient même droit de faire réduire la donation. Rangeons aussi dans cette classe l'espérance du légataire sur les droits surbordonnés à la mort d'une personne.

182. — Telles sont les trois classes dans lesquelles on peut ranger toutes les causes de suspension que nous trouvons dans le Code civil. Pour ne point nuire à l'ordre du sujet, nous avons rejeté dans les chapitres suivants quelques règles spéciales au Code pénal.

De la suspension de la prescription en matière criminelle.

183. En matières civiles, la prescription repose sur la présomption de l'abandon ou de l'exécution du droit, et sur un intérêt d'ordre public qui, pour assurer la propriété, fait supporter à chacun la peine de son indifférence et de son inaction. En matières criminelles, la prescription n'est plus basée sur les mêmes principes, aussi nous a-t-il semblé nécessaire d'en faire l'objet de quelques observations particulières.

184. Dans le Code pénal et le Code d'instruction criminelle, il ne peut être question que d'une prescription libératoire; elle est de deux sortes : l'une s'appliquant à l'action publique, l'autre aux peines.

L'action publique est le droit pour la société de poursuivre ceux qui commettent des infractions à la loi commune, qui ont lésé les membres de la société dans leur personne ou dans leurs biens. Dire que cette action est prescriptible, c'est dire qu'après un certain temps la société ne se reconnaît plus le droit de punir.

Les peines sont les moyens de correction et d'intimidation mis en œuvre par la justice publique. Dire qu'une peine est prescriptible, c'est dire encore qu'après un certain temps la société ne se croit plus le droit d'appliquer cette peine, bien qu'elle l'ait prononcée dans la limite de ses pouvoirs, comme la juste expiation de l'infraction commise contre les lois.

185. Plusieurs raisons ont été données pour justifier cet effet du temps. Je crois qu'aucune d'elles ne peut suffire seule à le justifier; leur combinaison est nécessaire pour satisfaire à l'analyse des diverses conséquences qui découlent de la prescription. La première, la plus faible peut-être, c'est qu'il faut prendre en considération les remords, les angoisses du coupable pendant toutes les années où, se trouvant sous le coup de la loi, il devait craindre d'autant plus vivement la découverte de ses méfaits qu'il approchait plus de l'impunité. Il est certain qu'on ne pourrait expliquer ainsi la prescription d'une contravention, où la conscience est le plus souvent bien légèrement engagée; mais en maintes circonstances, cette incertitude sur une position, que le moindre hasard peut rendre si dure, doit être cependant regardée comme un élément d'expiation dont la société a déjà lieu d'être satisfaite. Une seconde.

plus rationelle, consiste à dire que le temps a pu détruire les preuves du crime, comme les moyens de défense et de justification ; qu'il deviendrait difficile de prononcer avec justice sur des éléments incomplets, dénaturés par le temps. Enfin, il est un dernier motif, qui tient à la base du droit de punir, l'inutilité d'un exemple. Le temps a changé les circonstances, il a fait oublier le crime. A quoi bon cette réparation tardive? N'y aurait-il point quelque cruauté à laisser toujours planer le glaive sur la tête du coupable, alors que le temps apporte en toutes choses oubli et changements?

Une sorte d'expiation, l'impossibilité de rassembler les documents dans toute leur sincérité, l'absence du besoin d'un exemple, tels sont les faits qui concourent à justifier la prescription en matière criminelle.

186. La prescription est d'ordre public. Elle peut être invoquée en tout état de cause, même devant la Cour de cassation. Il ne peut dépendre des particuliers de subir une peine dont ils sont libérés : ce serait affaiblir l'exemple d'intimidation nécessaire au maintien de la sécurité publique.

187. Il y avait autrefois des crimes imprescriptibles. Dans le droit romain, l'on ne pouvait plus, après vingt ans, poursuivre la punition de crimes. Aujourd'hui, toutes actions publiques se prescrivent : par dix ans, à l'égard des crimes ; trois ans, à l'égard des délits, et un an, pour les contraventions. Tout ce que nous dirons de l'action publique, nous

devrons aussi le dire de l'action privée, pour la réparation du préjudice causé par le crime, le délit ou la contravention. La loi a cru nécessaire de les lier l'une à l'autre; elle n'a pas voulu que l'action privée survécût au droit d'accuser. Mais il est encore des prescriptions spéciales, particulières à de certains délits renfermés dans de moindres délais, comme pour les délits forestiers, de pêche fluviale, de chasse et de presse.

La prescription court, en règle générale, du jour où le crime, les délits ou contraventions ont été commises; mais, par exception, les délits forestiers ne se prescrivent qu'à compter du jour où ils ont été constatés.

188. Ces délais courent en faveur des coupables, lors même que l'infraction est restée cachée : l'ignorance ne constitue pas une cause de suspension. Bien que le ministère public, ou tout autre agent chargé de la poursuite, ne puisse agir, il n'y a point lieu à l'application de la règle *contra non valentem*; car ce n'est qu'un pur obstacle de fait. « Ces règles, dit Dunod, comprennent les crimes qui sont demeurés cachés, comme ceux dont la poursuite a été faite. » « Le coupable de crimes cachés, dit Merlin, est, comme celui de crimes connus, exposé aux agitations et aux craintes, que la loi regarde, après vingt ans, comme une expiation suffisante. Il y a, d'ailleurs, le même danger pour l'altération ou la perte totale de preuves qui peuvent établir l'innocence de l'accusé. Ainsi on ne doit pas distinguer. » Ajoutons que pour ce

crime il est moins besoin d'exemple que pour tout autre; que l'impunité ne peut servir d'encouragement, puisque le crime n'a pas été divulgué. Les termes de l'art. 640 sont généraux et ne distinguent pas. Au surplus, si l'inaction du ministère public a si longtemps persisté, c'est qu'il y a eu impossibilité de recueillir des indices; et les facilités, les détails précis n'augmenteront pas avec le temps.

189. Les prescriptions du Code d'Instruction Criminelle ne sont pas suspendues par la minorité; car la minorité n'est point un obstacle aux poursuites, et je crois qu'il en faudra dire autant de l'action privée, à l'égard de ceux qui l'exercent.

Nous avons déjà vu que la restitution n'était point accordée au mineur contre la prescription établie par la poursuite des peines : *dum persequitur injuriam, pœnam, accusationem, vel quippiam simile odiosum*. La jurisprudence n'avait jamais dévié de ces règles, et le législateur de 1810 a suivi ces mêmes principes. L'esprit de la loi n'est-il pas de mettre un terme à toutes les recherches pour réparations civiles, comme pour punitions publiques? et leur assignant un délai, il les a condamnées à la même fin, ce qui est d'autant plus juste que les mêmes motifs d'ordre public existent contre les mineurs et toutes autres personnes,

190. Il en est de même de la guerre, des troubles de l'État. Bien qu'il intervienne au retour de la paix un édit qui compte pour rien, en fait de prescription, tout le temps qu'ont duré les hostilités, on n'y com-

prend pas les actions criminelles. Deux arrêts du Parlement de Paris, de 1599 et 1610, le décidaient ainsi. Peu importait, encore une fois, que le crime n'eût pu être poursuivi par suite de l'interruption de la justice, toutes les causes sur lesquelles est basée la prescription ne cessaient de produire leurs effets.

191. Lorsque le condamné a été reconnu en état de démence, le ministère public est obligé de suspendre contre lui toutes poursuites. On conçoit très-bien qu'il n'y ait plus à punir là où la raison, cette source première de l'imputabilité, n'existe plus. Mais la prescription de l'action publique doit-elle, à cause de cela, être suspendue ? On pourrait dire que la prescription ne court pas contre ceux qui ne peuvent agir, et qu'ici le ministère public est condamné à l'inaction. Mais Merlin a plaidé avec succès, le 22 avril 1813, devant la Cour de cassation, que la démence n'était point une cause de suspension. Il en donnait deux raisons péremptoires : la première, c'est que l'action privée pouvait s'exercer contre l'individu en démence en lui faisant nommer un représentant ; qu'elle s'éteignait dès lors par dix ans, et que la loi ayant assigné aux deux actions publique et privée un délai commun, l'action publique devait nécessairement cesser avec l'action privée. Il ajoutait qu'à la règle *contra non valentem* on pouvait opposer cette autre règle plus générale de l'art. 2251, par laquelle la prescription court contre toutes personnes, à moins qu'elles ne soient dans quelque exception établie par

la loi. Or ici, d'exception il n'y en a point apparence, et il cite, comme preuve de l'abrogation de la règle *contra non valentem*, la non restitution du mineur, et la non suspension dans le cas de guerre, de peste.

Tous les motifs qui ont dicté l'art. 637 subsistent : expiation, altération des preuves, absence d'intérêt social avec l'oubli et l'éloignement du méfait. L'impuissance de poursuivre n'enlève rien de leur force à ces considérations.

192. Lors même qu'un magistrat déclarerait avoir égaré les pièces de la procédure, l'impossibilité des poursuites n'empêcherait pas la prescription en faveur de l'accusé.

193. Mais il faut admettre comme causes de suspension de la prescription, celles qui consistent dans un empêchement de droit, qui empêchent le ministère public d'agir, et suspendent en même temps tous les faits que nous avons considérés comme les bases de prescription.

1° Le jugement d'une question préjudicielle :

On entend, selon Merlin, par question préjudicielle, toute question qui dans un procès doit être jugée avant une autre, parce que celle-ci serait sans objet si la personne qui l'élève succombait sur celle-là. C'est cette question qui suspend la poursuite et le jugement d'une infraction jusqu'à la vérification du fait sur lequel est assise l'accusation.

Je crois que l'application de la règle *contra non valentem* ne peut ici faire doute. car l'inaction du ministère public lui est imposée par la loi elle même.

Il n'y a pas de motif pour que ce sursis profite au prévenu ; il n'y a pas altération des documents déjà rassemblés ; cet ajournement n'est qu'une suite de la procédure, de la nature de l'affaire en litige. Tant qu'il n'a pas été statué définitivement sur la question préjudicielle, tant que le délai, s'il en a été fixé un, n'est pas expiré, quelle que soit la juridiction devant laquelle l'affaire ait été renvoyée, les choses restent en suspens ; on ne peut statuer sur une question de suppression d'état, sur un délit contre la propriété si la question de propriété n'est pas vidée, et la prescription ne commencera à courir que du jour où le ministère public aura recouvré sa liberté d'action. S'il est obligé à un sursis provoqué par vous, pour des renseignements que vous prétendez lui fournir, il est juste qu'il puisse attendre sans péril pour l'action publique.

Et c'est bien là une véritable suspension de la prescription, qui permet à l'accusé de se servir du temps antérieur. La Cour de cassation ne s'est pas prononcée en un autre sens. C'est le terme de suspension qu'on retrouve en chaque arrêt (1).

194. Une autre cause de suspension consiste dans la demande en autorisation de poursuivre les agents du gouvernement. Pour les uns, une autorisation est nécessaire à cause de leur qualité personnelle ; les autres, ne jouissant d'une protection qu'à l'occasion de leurs fonctions, ne peuvent être actionnés sans

(1) 27 mai 1843.—29 août 1846. Dev., 44. 1. 34. — 46. 1. 755.

autorisation qu'à raison des faits relatifs à ses fonctions.

Mais, dans l'un comme dans l'autre cas, la prescription de l'action publique ne court que du jour de la réception de l'autorisation au parquet de l'officier compétent pour poursuivre l'agent du gouvernement.

En effet, la prescription ne peut courir contre celui qui ne peut agir, quand l'obstacle est un empêchement de droit ; et si un agent ne peut être poursuivi sans une autorisation, le ministère public, après avoir fait sa demande au Conseil d'État, est obligé de s'en tenir aux premiers actes interruptifs de l'information, jusqu'à ce que l'administration ait levé l'obstacle légal qui s'opposait à l'exercice de l'action publique. On ne peut donc lui opposer les délais qui ont couru depuis sa demande en autorisation jusqu'à la réception de ladite autorisation ; il a fait les diligences nécessaires, il ne doit pas être responsable d'un retard contre lequel il est impuissant.

M. Legraverend n'appliquait cette règle qu'aux fonctionnaires de l'administration forestière, parce que les délais de prescription y étaient très-courts ; mais je crois qu'il n'y a pas lieu de distinguer, car en toutes circonstances il est forcé d'attendre, la loi le lui impose, et par conséquent la prescription doit cesser de courir.

195. Devrait-on admettre une suspension de la

prescription, lorsqu'un individu est poursuivi pour un délit, à l'égard d'un autre délit, jusqu'à ce qu'il soit jugé sur le premier? La Cour de cassation s'est prononcée pour l'affirmative : il ne peut y avoir cours de la prescription quand il y a impossibilité d'agir. Elle admet qu'à cause de la prohibition du cumul des peines, il y a d'abord nécessité d'instruire sur le crime puni de la plus forte peine, avant d'instruire sur les autres. Mais c'est là une erreur. D'abord, de la prohibition du cumul des peines on ne pourra jamais conclure à l'impossibilité de poursuivre simultanément les deux actions; ensuite il n'y a aucun empêchement de droit, aucune place à l'application de la règle *contra non valentem*, aucune disposition expresse de suspension.

Il en serait différemment si les actions étaient liées l'une à l'autre; telle serait une question préjudicielle; si l'on ne pouvait prononcer sur la suppression d'état qu'après avoir jugé la question d'état; mais il ne faut pas confondre cette hypothèse avec deux actions subordonnées l'une à l'autre, mais nullement incompatibles et pouvant se cumuler, ce qui rentre essentiellement dans notre cas où les deux actions sont distinctes et indépendantes.

196. Il est une cause de suspension particulière à l'action civile. Lorsque le fait qui a causé préjudice est déféré aux tribunaux criminels, l'action criminelle tient en suspens l'action civile, si la par-

tie ne s'est pas portée plaignante dans l'instance même. On a craint l'influence du jugement civil sur la décision criminelle, la contrariété des jugements. On pouvait, au reste, en attendre plus de lumières.

POSITIONS.

DROIT ROMAIN.

— La bonne foi et la juste cause sont deux choses distinctes.

— Il n'est pas nécessaire que la bonne foi persiste après le commencement de l'usucapion. Erreur de Pomponius.

— Si la bonne foi est exigée dans la vente au moment du contrat et de la tradition, c'est par souvenir de la mancipation.

— L'usucapion courait contre les mineurs.

— La prescription de dix et vingt ans courait contre les mineurs.

DROIT FRANÇAIS.

— On peut léguer des biens à la condition que le père n'en aura pas l'administration.

— L'enfant né d'un oncle et d'une nièce, d'un beau-frère et d'une belle-sœur, ne peut être légitimé par le mariage contracté depuis avec dispense.

— L'enfant donataire de biens qui excèdent la quotité disponible, ne peut, en renonçant à la succession, conserver ces biens non-seulement jusqu'à concurrence de la quotité disponible, mais aussi de la réserve à laquelle il aurait eu droit s'il eût conservé la qualité d'héritier.

— Les ascendants non donateurs d'un époux majeur sont parties au contrat de mariage.

— Il y a lieu à récompense lorsque l'un des époux échange un droit temporaire contre un droit perpétuel.

DROIT CRIMINEL.

— La Cour, procédant contre un contumax, peut admettre des circonstances atténuantes.

— Celui au profit duquel est intervenu un arrêt de non lieu, ne peut, comme celui qui a été acquitté, exiger du procureur impérial qu'il lui donne le nom du dénonciateur.

HISTOIRE DU DROIT.

La véritable origine de la féodalité est la clientèle militaire.

DROIT DES GENS.

Les traités de commerce entre deux nations ne sont pas anéantis, mais seulement suspendus par l'état de guerre qui survient entre elles.

Vu par le président de la thèse,

BRAVARD-VEYRIÈRES.

Vu par le doyen,

C.-A. PELLAT.

Permis d'imprimer :

Pour le vice-recteur,

L'inspecteur,

DANTON.

Typographie et Lithographie Maulde et Renou, rue de Rivoli, 144. 3652

www.ingramcontent.com/pod-product-compliance
Ingram Content Group UK Ltd.
Pitfield, Milton Keynes, MK11 3LW, UK
UKHW021827190726
13853UKWH00003B/1237

9 782329 575711